영화로 읽는 사회과학

영화로 읽는 사회과학

초판 인쇄 · 2025년 10월 17일
초판 발행 · 2025년 10월 24일

지은이 · 이윤수
펴낸이 · 한봉숙
펴낸곳 · 푸른사상사

편집 · 지순이 | 교정 · 김수란 | 물류 · 김두천
등록 1999년 7월 8일 제2-2876호
주소 경기도 파주시 회동길 337-16
대표전화 031) 955-9111(2) 팩스 031) 955-9114
이메일 prun21c@hanmail.net

ISBN 979-11-308-2332-4 93300
값 25,000원

이 도서는 2025년 문화체육관광부의 '중소출판사 도약부문 제작지원' 사업의 지원을 받아
제작되었습니다.

이론과 비평총서 **25**

영화로 읽는 사회과학

Social Science on Screen

이윤수

푸른사상
PRUNSASANG

영화는 누구에게나 친근하게 다가오는 즐거움입니다. 영화를 보면서 몰입하다 보면 현실을 잠시 잊고 행복함을 느끼기도 합니다. 의도했든 하지 않았든 영화는 때때로 현실과 맞닿아 있는 중요한 주제를 다루기도 합니다. 그래서 종종 영화를 보고 난 후에 깊은 고민에 빠지기도 합니다. 그래도 아무리 어려운 주제라도 영화와 함께라면 이해가 더 쉽게 잘 되는 면도 있습니다. 그리고 여러 개념을 이해하고 영화를 다시 보면 영화를 다채롭고 깊이 있게 볼 수 있습니다.

이 책에서는 영화 30편을 토대로 사회과학에서 중요하게 다루어지는 개념을 풀어보려고 합니다. 예를 들어, 〈본 아이덴티티〉를 보면서 CIA가 본을 제거하려는 이유를 책무성의 개념에서 살펴보았습니다. 또한 〈에브리씽 에브리웨어 올 앳 원스〉를 보면서 공직 봉사 동기를 생각해보았습니다. 1부에서는 제 전공을 살려서 정부에 관련된 영화 이야기를 하였습니다. 2부에서는 사회 전반에서 일어나는 일을 영화로 살펴보았습니다. 그리고 3부에서는 실화를 바탕으로 한 영화를 통해서 사회문제를 생각해보았습니다.

물론 책에 나온 영화의 내용을 몰라도 이 책을 이해하는 데는 큰 문제는 없습니다. 하지만 영화를 먼저 보기를 권유합니다. 왜냐하면 영화를 보지 않는다면 이 책이 스포일러가 될 수 있기 때문입니다. 또한 이 책을 온전히 이해하려면 이 책에 소개된 영화를 한번이라도 보는 것이 더 좋을 수 있겠습니다. 참고로 외국영화의 경우에는 부득이하게 대사를 한국어로 번역했는데 자연스럽게 의역을 해서 적었습니다. 아무쪼록 이 책을 통해 영화를 보는 재미가 배가될 수 있었으면 좋겠습니다. 논문과 책을 출간하기 전에 늘 일독해주시고 교정에 큰 도움을 주시는 아버지께 감사의 말씀을 드립니다.

2025년 9월 제주에서
이윤수

제1부 정부가 문제야

제2부 문제없는 사회는 없다

제3부 영화는 영화가 아니다

정부가 문제야

책임이라는 무거운 단어

본 아이덴티티

〈본 아이덴티티(*Bourne Identity*)〉는 본 시리즈의 1탄으로서 맷 데이먼(Matt Damon)을 톱스타로 만든 영화이다. 〈본 아이덴티티〉–〈본 슈프리머시〉–〈본 얼티메이텀〉– 외전격인 〈본 레거시〉–그리고 〈제이슨 본〉까지 연결되는 본 시리즈는 물론 차이는 있지만 모두 흥행에 성공했다. 그래서 어느덧 〈007〉 이나 〈미션 임파서블(*Mission Impossible*)〉 시리즈에 이어 첩보물 스릴러 액션영화의 한 자리를 차지하게 되었다.

본을 찾아라

〈본 아이덴티티〉와 본 시리즈의 전체 줄거리를 아주 간단하게 요약해보자면, CIA(Central Intelligence Agency)의 중요한 인적자원이었던 제이슨 본이 조직에 위험 요인이 된 후에 CIA가 제거하려고 하자, 기억을 부분적으로 잃은 제이슨 본이 이에 대항하고 진실을 찾아가는 내용이다.

우리나라의 국가정보원이 우리나라에 직접 관련된 국가에서만 활동하는데 반해 미국의 정보기관인 CIA에서는 전 세계 각국을 관찰하고 있다. 〈본 아이덴티티〉에서는 극 중 나이지리아 독재자인 니콰나 옴바시(Nykwana Wom-bosi)가 미국이 자국 정치에 관여했다는 것을 폭로하려고 한다. 그러자 CIA에서 비밀리에 운영되던 트레드스턴(Treadstone) 작전 팀에서는 옴바시를 암살하려고 제이슨 본을 급파한다. 요트에서 잠자고 있던 옴바시를 죽이려던 제이슨 본은 그의 아이와 눈이 마주치고 움찔한다. 결과적으로 암살에 실패하고 물에 빠진다. 익사 직전인 제이슨 본을 어부가 건져서 구사일생하게 되었다. 그 사고로 본은 기억상실증에 걸려서 자신이 누군지 모르고 답답해한다. 그러나 몇 가지 단서를 통해서 자신이 무슨 일을 하던 사람인지 알아가는 과정에서 그는 CIA에게 목숨의 위협을 받게 된다.

제이슨 본을 위협하는 것이 나이지리아가 아니라 CIA라는 점이 특이하다. 특히 트레드스턴 작전을 운영했던 집행자들이 적극적으로 제이슨 본을 죽이려 하는데 어떻게 보면 이해가 되지 않을 수 있다. 소속 요원을 따뜻하게 받아주지는 못할망정 죽이려고 애를 쓰는 것을 보면 냉정하다 못해 비열하다고 생각할 수도 있다. 왜 CIA는 본을 죽이려 하는 것일까?

책임져!

CIA가 제이슨 본을 죽이려는 근본적인 이유는 책임지기 싫어서이다. 우선 트레드스턴 작전 자체가 위법이다. 미국의 정부기관이 전시 아닌 평시에 외국인을 살해하려 한 것이기 때문이다. CIA는 법에 의해서 운영되는 미합중국의 정부기관으로서, 미국법은 물론 나아가서는 국제법도 지켜야 한다. 그런데 법을 준수해야 하는 정부기관이 외국인을 암살하려고 했다. 급박한 필요에 의해 살인을 해야 하니 아주 비밀리에 암살 작전을 수행하는 것이다.

그러니 극비에 목표 인물을 제거해야 하는 작전에 실패한 요원을 환영할 리가 없다. 게다가 음바시 측에서 제이슨 본을 추적하고 그가 CIA와 관련된 사람이라는 것을 알게 되면 CIA 입장은 물론이거니와 미국도 곤란한 처지에 처하게 된다. 그렇기 때문에 소속 요원을 제거하려고 무진장 애를 쓰는 것이다.

국가기관의 책무성(Accountability)이라는 개념이 있다. 물론 일반 개인이나 사기업도 자신이 벌인 일에는 책임을 져야 한다. 이러한 책무성이 국가기관에는 더욱 강하게 적용된다. 적어도 법치주의 국가라면 행정부는 국민이 권한을 준 국회의원이 만든 법을 응당 지켜야 한다. 그리고 민주주의 국가라면 정부기관이 야기한 결과에 대해서 시민을 대상으로 대답을 해야 할 의무가 있는 것이다. CIA에게도 책무성이 있기 때문에 본 시리즈 내내 비밀리에 본을 죽이려고 온갖 노력을 다하는 것이다.

책임성이라는 카멜레온

'책임'은 쉽게 쓰이는 말이지만 추상적인 개념이다. 그래서 생각보다 다양한 측면을 가지고 있다. 우선 조나단 카펠(Jonathan Koppell)은 책임성에 다섯 가지 측면이 있다고 보았다.[1] 우선 투명성(Transparency)이다. 정부의 정보가 공

---

[1] Koppell, J.G., "Pathologies of accountability: ICANN and the challenge of "multiple accountabilities disorder" ", *Public Administration Review*, 65(1), 2005, pp.94~108. Koppell의 책임성에 대한 용어 번역은 박석희의 논문「책임성 관점에서의 공공기관 부서간 만족도 평가와 분석」(2005)을 따랐다. 다만 박석희는 Responsibility를 공공가치라고 번역하였는데 나는 법적 책임성이라고 부르기로 했다.

개되지 않으면 공무원에게 책임을 묻기가 매우 어려워진다. 그래서 투명성은 책무성의 선결 조건으로서의 역할을 한다. 본 시리즈에서도 트레드스턴 같은 작전은 극비에 가까운 작전이다. 만약에 이 작전이 끝까지 극비로 처리되었다면 무슨 일이 있었는지 추궁하기 매우 어려워진다. 투명성은 어떠한 일에 대한 정보를 공개하게 하여 책임을 진다는 점에서 중요하다.

두 번째는 기관책임(Liability)이다. 정부가 무슨 일을 하든 그에 따른 결과가 나오기 마련이다. 그리고 정부는 그 결과에 대한 설명을 해야 한다. 정부는 하나의 실체라고 하기에는 너무 거대한 존재이다. 주민센터에 있는 직원도 정부의 일부분이고 대통령도 정부의 일부분이다. 주민센터 직원이 실수로 잘못 행정 처리한 것에 대해서도 정부는 설명을 해야 하고, 대통령이 실수를 했으면 그에 대한 설명도 정부가 해야 한다. 마찬가지로 정부가 고용하고 업무를 지시한 제이슨 본이 한 행동에 대해서도 정부는 설명해야 한다.

셋째는 통제가능성(Controlability)이다. 이는 대리인(Agent)이 주인(Principal)이 원하는 대로 움직이느냐 여부에 대한 것이다. 주인이라고 하니까 어감이 이상할 수 있다. 우리나라식으로 말하면 갑(甲)이라고 보면 될 것이다. 그리고 대리인은 을(乙)이라고 보면 이해하기 쉬울 것이다. 국정 운영에 있어서 갑은 대통령이 될 수도 있고, 국회가 될 수도 있고, 궁극적으로 국민이 될 수 있다. 그리고 갑과 을 관계는 상대적이다. 예를 들어, 민주주의 국가에서 대통령은 일반 공무원에게는 갑이지만 국민과의 관계에서는 을의 입장에 있게 된다. 통제가능성은 갑과 을이 어떠한 관계가 되었든 갑이 을을 통제할 수 있는지 여부를 말한다. 본 시리즈에서 본다면 CIA가 갑이고 CIA의 요원이었던 본은 을이다. 갑인 CIA가 을인 제이슨 본에게 업무를 맡긴 것이다. 그리고 CIA가 본이 제대로 일을 처리했는지를 점검하는 면에서 통제가능성을 엿볼 수 있다.

넷째는 법적 책임성(Responsibility)이다. 이는 조직의 구성원이 규율을 지켰는지 여부이다. 여기에서 규율이란 내부 규율뿐만 아니라 법, 크게는 헌법이 될 수도 있다. 이 부분의 책임성이 우리가 직관적으로 생각했을 때 생각하는 책임성과 가장 밀접하게 부합된다. 누군가가 법을 어겼을 때 책임을 져야 한다는 생각은 이 부분의 책임성에서 비롯된다. CIA가 되었든 제이슨 본이 되었든 일단 위법한 행위를 했으면 응당 책임을 묻는 것이 책임성의 개념에 맞는다.

마지막 다섯 번째는 반응성(Responsiveness)이다. 이는 (특히 시민의) 기대를 충족시켰는지 여부에 달렸다. 기대라는 부분이 들어가기 때문에 이 책임성의 부분은 주관적으로 해석된다. 예를 들어 CIA를 모든 법을 준수하는 고결한 조직이라고 기대하는 사람은 트레드스턴 같은 작전과 제이슨 본을 죽이려는 행동에 대해서도 실망하기 쉽다. 반대로 기대를 전혀 하지 않았다면 CIA가 일을 그르쳐도 큰 실망을 하지 않고 책임도 묻지 않는다. 가령, 어떤 사람이 CIA란 원래 필요하면 사람을 가차없이 죽이는 기관이라고 생각한다고 하자. 그래서 CIA에 대한 위법성을 대수롭지 않게 생각한다면 CIA가 음바시를 죽이려 하고, 본을 죽이려 하는 행동을 문제삼지 않을 것이다.

책무성을 부탁합니다

국가가 행하는 불법행위를 발견하는 것은 매우 중요하다. 정부기관이 암살을 기획하고 시도한 것은 물론이거니와 실패한 본을 죽이려고 하는 행위 모두 불법이다. 이 많은 불법을 지시하고 실행하는 사람들이 있다. 이러한 사람들이 밝혀지는 방법은 여러 가지가 있다.

첫째는 불법이 내부고발자에 의해서 세상에 알려지는 경우이다. 기관의 내부에서 일어나는 일을 바깥에서 알기란 매우 어렵다. 그래서 내부고발자의 역할이 매우 중요한데 이는 정부기관뿐만 아니라 사기업체에도 마찬가지로 적용된다. 대부분 조직은 불법적인 요소가 있더라도 잘못을 노정하기보다는 감추는 데 급급하다. 그리고 내부고발을 하였을 경우 각종 불이익을 가한다. 정부에서는 사기업의 불법적인 요소를 알아내기 위해 내부고발자에게 포상금을 주는 제도를 마련한다. 문제는 정부에 불법이 생겼을 때다. 예를 들어, 정부에 불법적인 요소가 있다고 사기업이 내부고발자에게 포상금을 주는 것은 아니다. 본 시리즈에서는 파멜라 랜디(Pamela Landy)가 트레드스턴의 불법성을 고발하는 역할로 나온다.

둘째는 대각선적인 책무성(Diagonal accountability) 차원에서 언론의 기능을 강화할 수도 있다.[2] 정부가 잘한 일은 정부기관 스스로 자랑하기 마련이다. 문제는 책임질 일이 생겼을 때 정부는 대체로 시민이 알게 되는 것을 두려워한다. 이때 언론이 정부의 잘못을 감시하는 역할을 하는데 불법의 기미가 보이면 집중 취재를 할 수 있다. 정부가 연루된 살인사건이 일어나고 이에 대해 문제를 인식한 기자들이 취재하여 불법이 밝혀질 수 있다. 본 시리즈에서 사이먼 로스(Simon Ross) 기자가 블랙브라이어(Blackbriar) 작전을 취재하려고 한다. 이에 놀란 CIA는 그를 암살한다. 만약에 로스 기자가 기사를 세상

---

2 Lührmann, A., Marquardt, K.L. & Mechkova, V., "Constraining governments: New indices of vertical, horizontal, and diagonal accountability", *American Political Science Review*, 114(3), 2020, pp.811~820.

에 내보낼 수 있었다면 문제가 미리 밝혀질 수 있었을 것이다.

셋째는 수평적 책무성(Horizontal accountability) 확보를 위해 의회가 행정부를 추궁할 수 있다.[3] 영화에서도 나오지만 CIA는 국회의원의 요구에 따라 운영 보고를 해야 한다. 민주주의가 구현되기 위한 조건 중 하나는 삼권분립이 되어야 하고 국가 권력기관 사이에 균형과 견제가 이루어져야 한다는 것이다. 균형과 견제가 이루어지지 않으면 정부는 부패하기 쉽고 불법이 통제되지 않을 가능성이 높다. 예를 들어, 행정부가 입법부나 사법부에 비해 힘이 막강하면 행정부가 벌이는 잘못된 일을 제대로 파악하지도 처벌하지도 못할 것이다. 영화에서 제대로 나오지 않았지만 확실히 책무성이 구현되려면 법원에서 불법적인 일에 연루된 CIA 사람들을 처벌해야 할 것이다.

마지막으로 시민단체 혹은 시민이 관심을 가져야 한다. 민주주의 국가가 되었든 독재국가가 되었든 궁극적으로 국가를 운영하는 데 핵심이 되는 존재는 국민이다. 국민이 의식을 가지지 않는다면 아무리 내부고발자가 폭로를 하든, 국회가 지적을 하든, 언론이 취재 및 보도를 하더라도 백약이 무효일 것이다. 이러한 의미에서 의식 있는 시민들이 국가에 대해 꾸준히 관심을 가지고 잘못된 일이 없는지 추궁해야 할 것이다. 시민 개개인의 경우에는 힘이 없을 수 있다. 이럴 때 전문성이 있는 여러 사람들을 규합하여 단체를 만들어 운영할 수 있다. 이러한 시민단체들이 국가가 무책임하게 활동하고 있지 않은지 점검할 수 있다.

---

3   박희정 · 오윤섭 · 강민아, 『공공책무성』, 대영문화사, 2024.

애국이란 무엇인가?

본 슈프리머시

본 시리즈 1탄이었던 〈본 아이덴티티(*Bourne Identity*)〉의 마지막 장면에서 제이슨 본은 연인 마리(Marie Kreutz)와 조용히 여생을 보낼 것처럼 보였다. 하지만 안타깝게도 세상은 그를 가만두지 않았고 본 시리즈의 2편인 〈본 슈프리머시(*Bourne Supremacy*)〉에서도 여러 사건이 일어난다. 일어난 사건들만큼이나 여러 가지 생각할 거리를 준다. 그중 하나가 애국에 대한 생각이다.

CIA에서도 비밀리에 진행되었던 트레드스턴 작전이 끝내 밝혀졌다. 앞서 이야기한 대로 트레드스턴 작전을 통해서 CIA가 위법 활동을 했기 때문에 그 누군가는 책임을 져야 했다. 트레드스턴 작전의 책임자였던 워드 애벗(Ward Abbott)은 자신에게 책임이 돌아오자 권총으로 자살해버린다.[1] 그런데 인상적이었던 것은 애벗이 자살하기 전에 "나는 애국자였다. 나는 나의 나라를 위해 봉사했다!(I'm a patriot. I served my country!)"고 외친다는 점이다. 그의 죽기 전의 외침은 애국에 대한 생각이 단일하지 않을 수 있다는 것을 암시

---

1   극중에서 애벗은 트레드스턴 작전 이외에 러시아 정치인과 결탁한 공금 횡령으로도 추궁받는다.

한다.

애국, 그 쉽고도 어려운 말

애국(愛國)이라는 것은 단어 그대로 나라를 사랑한다는 것이다. 구체적으로 자신이 소속된 나라를 사랑한다는 것이다. 학술적으로도 애국은 나라에 대해 감정적으로 깊게 연결된 애정(A deeply affective attachment to the nation)이라고 정의될 수 있다.[2] 평범한 사람이라도 애국이라는 말을 어렵지 않게 이해할 수 있다. 그래서 애국자를 판별하는 것이 어렵지 않아 보인다. 하지만 누가 애국자인지 아닌지를 구분하는 것은 매우 어려운 일이다. 근본적인 이유는 애국에는 다양한 종류가 있고 때로는 애국 행위가 조국을 해치는 경우도 있기 때문이다.

학자들은 다양한 종류의 애국심이 있다고 파악하고 있다. 먼저 애국심의 기초 단계로 국가적 정체성(National identity)이 있다. 이는 어떤 사람이 어느 나라에 대해 주관적으로 체화된 소속감을 말한다. 우리나라 사람의 예를 들어 보자. 한국인이라는 것이 얼마나 중요한지, 혹은 전형적인 한국인에 자신이 얼마나 부합하는지, 한국인이라는 단어가 얼마나 자신을 설명할 수 있는지, 한국인을 생각할 때 '그들'보다는 '우리'라고 생각하는지로 국가적 정체성을 판별해볼 수 있다.

2　Conover, P. & Feldman, S., *"Measuring patriotism and nationalism: ANES Pilot Study Report*, No.nes002263, 1987. Retrieved from https://electionstudies.org/wp-content/uploads/2018/07/nes002263.pdf

애국심의 종류로는 우선 상징적 애국심(Symbolic patriotism)이 있다. 이 상징적 애국심의 표징은 나라의 상징물을 보고 자랑스러워하는 것이다. 이는 우리 주위에서 어렵지 않게 찾아볼 수 있다. 예를 들어, 올림픽 같은 국제대회에서 애국가를 듣고 가슴이 뜨거워지고 눈물을 흘리는 우리나라 사람은 상징적 애국심이 있다고 볼 수 있다.

다른 종류로, 건설적 애국심(Constructive patriotism)이 있다. 건설적 애국심을 가진 사람은 국민이 나라가 긍정적인 방향으로 가게끔 노력해야 한다고 본다. 나라가 잘 되기를 바라는 마음에서 비판도 허용하는 입장이다. 그래서 나라를 사랑해도 국가의 정책에 반대할 수 있고 쓴소리를 들을 자세가 되어 있다. 사랑한다고 해서 좋은 말만 주고받으려 하지 않는 것처럼 말이다.

또한 건설적 애국심과는 결을 달리하는 무비판적 애국심(Uncritical patriotism)이 있다. 흔히 맹목적인 애국심(Blind patriotism)이라고도 불리는 무비판적인 애국심은 나라가 제대로 가고 있는지 아닌지 상관없이 자신의 나라를 지지하는 것이다. 그래서 항상 자기의 나라가 옳다고 생각하고 자신의 나라가 비판받는 것을 몹시 싫어한다.

누구나 말로는 애국한다고 할 수도 있다. 그런데 안중근 의사처럼 확실한 행동을 보이지 않는 한, 어떤 사람이 진짜 애국을 하는지 안 하는지는 확인하기 어렵다. 게다가 실제로 누군가가 애국을 한다고 하더라도, 사람에 따라서 다른 종류의 애국을 할 수 있다. 예를 들어, 어떤 사람은 국가대항전 축구 경기할 때 흘러나오는 애국가를 듣고 제창하면서 애국자라고 생각할 수 있고, 어떤 사람은 정부를 격렬히 욕하면서도 애국을 한다고 생각할 수 있다는 것이다.

애국의 배신

누가 애국을 했는지, 어떠한 애국을 했는지를 파악하는 것 외에도 애국에 대한 중요한 다른 논의가 있다. 과연 애국이 나라에 도움이 되는가이다. 어떤 사람이 애국을 했다고 나라에 도움이 되지 않을 수도 있다는 것이다. 반대로 애국을 할 생각이 전혀 없는데도 국가에 도움이 될 수 있다.

영화에서 악역에 해당하는 애벗은 나름대로 나라를 생각해서 트레드스턴을 운영한 것이다. 트레드스턴 작전을 운영하면서 미국에 적대적인 정적을 제거하면 미국의 이익이 되었다고 생각했을 것이다. 이러한 논리로 그는 자신이 애국자라고 생각한 것이다. 심지어 자신의 행위가 위법적인 일이라도 말이다.

반대로 어떠한 사람은 같은 트레드스턴 작전을 비애국적이라고 생각할 수 있다. 미국은 기본적으로 법치국가인데 국가기관이 위법한 행위를 자행해서 나라의 위신을 훼손시키고 기강을 해이하게 한다고 생각할 수 있다. 또한 대외적으로 보면 미국의 위법적 행동은 국제질서에 악영향을 준다. 그렇다면 글로벌 리더로서의 미국의 위상이 떨어질 수 있다. 이렇게 생각해보면 미국에 이익이 되는 것이 아니라 손해가 되는 것이다. 이러한 논리를 확장해보면 애벗이 애국이라고 생각하는 행위는 비애국적인 행위가 되는 것이다. 특히 앞서 언급한 무비판적인 애국은 오히려 자신의 나라를 해치는 결과를 초래할 수 있다. 이런 이유로 마냥 애국이라는 말을 무조건적으로 환영할 수만은 없다.

애국, 거부할 수 없는 그 단어

한때, 미국에서는 애국법(Patriot Act)[3]이 논란이 되었다. 애국법은 2001년 9월 11일 세계무역센터 건물을 테러범이 비행기로 파괴한 후에 나온 법이다. 이름만 보면 도무지 반대할 엄두가 나지 않는다. 이 법의 골자는 테러리스트의 활동을 막기 위한 국가의 도청의 요건을 완화하는 것이다. 테러리스트의 악행을 미연에 방지하겠다는 법이라는데 이를 반대하는 것은 쉽지 않았다. 하지만 애국법은 상당한 논란을 일으켰다.

찬성하는 입장에서는 테러리스트의 활동을 막기 위해 국가가 합법적으로 가능한 도청 폭을 확대하는 것은 국익에 도움이 된다고 보았다. 반면에 반대하는 입장은 이 법이 시민의 자유를 축소시킬 것이라고 보았다. 두 입장 모두 나라를 위한 길이라고 생각한다. 하지만 그 방법에는 차이가 있었다. 게다가 정답이 있는 것도 아니었다. 다만 개인이 믿고 있는 가치관에 더 부합하는 쪽을 지지할 것이다. 이렇듯 애국의 길은 간파하기 어려운 개념이다. 자살한 애벗이 스스로 애국자라고 생각하겠지만 불행하게도 꼭 그렇게 파악되지는 않는다는 것이다.

애국의 그림자

중국이나 러시아에서 체제를 공고히 만드는 방법 중 하나가 소위 애국 교

---

3   애국법의 본 명칭은 Uniting and Strengthening America by Providing Appropriate Tools Required to Intercept and Obstruct Terrorism Act of 2001로 앞 글자를 따서 PATRIOT를 만든 것이다.

육을 시키는 것이다. 이는 나라 사랑을 통해 공동체를 단단하게 통합시키는 효과가 있다. 하지만 애국 교육은 정치적인 판단을 흐리게 하는 단점이 있다. 애국주의 교육은 대체로 나라가 한 일을 미화하고 추수하기를 바란다. 그래서 문제가 있더라도 비판적으로 보기보다는 국가의 특수성이거니 하고 받아들이게 된다.

여기서 더 나아가, 애국주의는 표현의 자유를 억제할 수 있다. 국민이지만 자기가 사는 나라를 싫어할 수도 있다. 그렇다면 나라를 싫어하는 국민이 택할 수 있는 선택은 두 가지다. 그 나라를 떠나든지 아니면 그 나라를 자신이 원하는 대로 바꾸는 것이다. 그 나라를 떠나지 않을 경우에는 여러 목소리를 내면서 나라를 바꾸고자 할 것이다. 이럴 경우에 소위 나라를 사랑한다는 사람들에게 각종 비판을 받을 수 있다. 심한 애국주의는 이들을 이단시하는 경우도 있다.

애국주의는 종종 외국인 혐오에 닿을 수 있다. 물론 애국주의는 국가주의와는 다른 개념이지만 현실적으로는 외국인을 배제하는 효과를 낼 수 있다. 21세기 국제화 시대에 이제 우리나라에서도 외국인을 보는 일은 전혀 놀라운 일이 아니다. 관광객으로 온 외국인도 있지만 노동자로 온 사람들도 있다. 이러한 외국인들을 백안시하는 경우도 더러 있다. 일자리를 빼앗아 간다는 것부터 나라의 순수성을 훼손한다는 것까지 그 이유도 다양하다. 애국주의가 극심해지면 외국인의 존재 자체를 부정하는 지경까지 갈 수 있다.

따뜻한 아이스 아메리카노 같은 세계시민주의적 애국주의

애국심과 주로 비교되는 것이 국가주의이다. 대체로 애국심은 긍정적인 함의를 가지고 있는 반면에 국가주의는 부정적인 함의를 가지고 있다. 애국주의는 건강한 애국주의(Healthy patriotism)과 민족중심적 애국주의(Ethnocentric patriotism)으로 나누어볼 수 있다.[4] 건강한 애국심은 비판적 애국심과 맥을 같이하고, 민족중심적 애국심은 국가주의와 결을 같이한다. 그리고 호전적이고 편협한 애국주의를 징고이즘(Jingoism) 혹은 쇼비니즘(Chauvinism)이라고 부른다. 이러한 사람들은 자기 나라의 우월성을 믿고, 다른 나라 혹은 집단과 공존하기를 꺼린다. 그래서 종종 폭력적이 된다. 사람들이 애국이라는 이름으로 맹목적으로 어떠한 국가적 문화가치를 추종하며 다른 나라를 무시한다면 그것은 분쟁의 원천이 될 것이다.

애국주의가 심해지면 자기 나라만 생각하는 일이 심해질 수 있다. 그래서 언급한 것처럼 국가주의와 자주 연결된다. 그렇다면 자기 나라를 사랑하면서도 세계인으로서의 역할을 할 수는 없을까? 이는 마치 따뜻한 아이스 아메리카노 같은 역설적인 느낌이 든다. 예를 들어, 미국과 잘 지내보자고 하는 중국인이 있다고 치자. 그가 대승적인 입장에서 미국에게 양보할 것은 양보하자고 주장한다. 그러면 애국주의로 가득 찬 사람이 매국하지 말라고 반박할 것이다. 하지만 미국과 중국이 협동한다면 그 영향력이 크므로 세계의 많은 문제를 해결하는데 도움이 될 수 있다. 자국만 생각하고 상대방을 누르기만 한다면 세계 도처의 문제를 제대로 해결하기는 어려울 것이다.

이상적으로는 이른바 세계시민주의적 애국주의(Cosmopolitan patriotism)가 해

---

4 Adorno, T.W., Frenkel-Brunswik, E., Levinson, D.J. & Sanford, R.N., *The Authoritarian Personality*, New York: Harper and Row, 1950.

결책이 될 수 있다. 이는 조국에 헌신하면서도 조국의 행위가 전 지구적인 문제를 발생시킬 때 기꺼이 투쟁할 수 있는 사람을 일컫는다.[5] 이 따듯한 아메리카노 같은 사람이 존재하기 위해서는 조국을 지지하는 것만이 애국이 아니라는 생각의 여유가 필요하다. 물론 현실적으로는 쉽지 않겠지만 말이다.

5   조일수, 「애국주의와 세계시민주의의 양립가능성 연구」, 『도덕윤리과교육』 72, 2021, 169~192쪽.

적법절차의 이름으로

본 얼티메이텀

〈본 얼티메이텀(*Bourne Ultimatum*)〉은 본 시리즈의 세 번째 영화다. CIA는 러시아에 가서 피해자 가족에게 속죄하려는 본을 끝까지 쫓으며 죽이려 한다. 본을 살해하려는 이유는 본이 블랙브라이어 작전(Operation Blackbriar)과 연관이 있기 때문이다. 블랙브라이어 작전은 트레드스턴 작전의 연장선상에서 만들어진 작전이다. 본은 자신의 정체를 찾아서 블랙브라이어 작전의 실체를 추적해나간다.

관료의 족쇄, 레드테이프

비밀작전을 파헤치는 본을 CIA에서 가만히 놔둘 리가 없다. 블랙브라이어의 실무 책임자인 노아 보슨(Noah Vosen)은 어떻게든 본을 제거하려고 한다. 그래서 파리부터 시작해서 모로코 그리고 뉴욕까지 집요하게 본을 추적한다. 또한 본을 잡기 위해서 파멜라 랜디(Pamela Landy) 부국장이 투입된다. 문제는 랜디가 이 블랙브라이어 작전의 존재를 몰랐다는 것이다.

본을 추적하는 과정에서 블랙브라이어의 존재를 알게 된 랜디는 경악한다. 기본적으로 블랙브라이어는 특별한 허가가 없더라도 비상시에는 법을 초월하는 행위를 해도 된다는 작전이다. 필요하다면 수사기관 마음대로 도청을 하고 심지어는 용의자를 죽여도 되는 것이었다. 이는 명백한 법률 위반 사항이다. 이 위법적 내용을 담은 블랙브라이어 작전과 본의 처리에 대해서 랜디와 보슨은 논쟁을 벌인다. 보슨은 그 문제의 작전인 〈Blackbriar : Lethal Action Protocol〉 파일을 꺼내면서 이 작전의 타당성을 주장한다.

> "그게 우리를 특별하게 만들어주는 거지. 더 이상 레드테이프는 없어.
> 나쁜 녀석들이 눈에 뻔히 보이는데, 명령이 내려올 때까지 기다리다가 녀
> 석들을 놓치는 일은 이제 없을 거야."[1]

보슨의 말은 번거로운 각종 행정 절차 때문에 위험 인물을 놓칠 수 있는데, 블랙브라이어 작전이 있으면 각종 절차를 다 건너뛰고 용의자를 즉각 제거할 수 있다는 것이다. 현실에서는 현행범이 아닌 이상 경찰이 범인에 대한 증거를 가지고 법원에 가서 영장을 신청하여 가택수색을 한다. 그런데 영장을 신청하는 동안 범인이 홀연히 떠나버릴 수도 있다. 혹은 용의자를 일단 잡아놓아도 48시간 안에 구속시킬 만한 증거들을 발견하지 못하면 방면해야 한다. 범인이 확실하다는 걸 직감해도 요건이 되지 않아서 구속할 수 없으면 경찰의 입장에서는 속이 답답하다. 가령 테러범임을 확신하는데 결정적인 물증이 없고 용의자는 입을 열지 않고 폭파 시간이 다가온다면 초

---

1 원어는 다음과 같다 "That's what makes us special. No red tape. No more getting bad guys in our sights and then watching them escape while we wait for some bureaucrat to issue the order."

조하기 짝이 없을 것이다. 그러니 테러 용의자를 고문해서라도 결정적인 단서를 확보하고 싶을 때가 있을 것이다. 이 경우, 블랙브라이어 작전에 따르면 무슨 수단을 쓰더라도 용인되는 것이다.

보슨의 말 중에서 가장 중요한 단어는 '레드테이프(Red tape)'이다. 원래 레드테이프란 영국에서 정부문서를 묶는 빨간색 끈을 뜻했다. 그러다가 정부문서로 대표되는 번문욕례(繁文縟禮)를 비롯한 행정의 병폐를 통칭해서 레드테이프라고 부르게 되었다. 즉, 절차를 따지는 관료제 때문에 생기는 모든 부정적인 점이 레드테이프이다. 보슨은 이 레드테이프로 인하여 범죄자들이 활보하고 이는 궁극적으로 사회 공공복리에 위해를 가한다는 입장이다. 그러한 번거로운 절차를 무시하고 적을 제거하는 데 집중하도록 하는 것이 블랙브라이어 작전의 장점이라는 것이다.

레드테이프의 뒷면, 적법절차

하지만 블랙브라이어의 타당성을 주장하는 보슨의 생각에 랜디는 의구심을 다음과 같이 제기한다.

"네가 그렇게 결정해? 감찰 없이. 통제 없이."

랜디는 블랙브라이어의 발동을 누가 결정하느냐고 물어본다. 그리고 공권력의 발동을 감시도 없이 독단적으로 결정하는 것에는 위험성이 있다고 말한다. 국가권력은 적법절차의 원리(Due process of the law)에 기반하여 작동해야 한다. 공권력은 정당한 법률에 의거해서 정당한 절차를 밟은 경우에만 국민의 기본권을 제한할 수 있다는 원칙이다. 공권력은 민간 권력과는 달리 합법적으로 폭력을 행사할 수 있다. 그러므로 늘 그 힘의 남용을 경계해야 한다. 그런데 블랙브라이어는 이러한 적법절차의 원리를 무시하는 작전인 것이다.

우리나라 헌법에서도 적법절차에 대한 조문이 있다. 12조 1항에는 "모든 국민은 신체의 자유를 가진다. 누구든지 법률에 의하지 아니하고는 체포・구속・압수・수색 또는 심문을 받지 아니하며, 법률과 적법한 절차에 의하지 아니하고는 처벌・보안처분 또는 강제노역을 받지 아니한다"고 나와 있다. 그리고 동조 3항에는 "체포・구속・압수 또는 수색을 할 때에는 적법한 절차에 따라 검사의 신청에 의하여 법관이 발부한 영장을 제시하여야 한다"고 되어 있다.

적법절차는 크게 두 가지로 나누어볼 수 있는데 하나가 절차적 적법절차이고 다른 하나가 실체적 적법절차이다. 전자는 정부가 시민의 생명, 자유, 재산을 박탈하기 전에 준수해야 하는 절차를 말한다. 후자는 시민의 생명, 자유, 재산을 박탈할 만한 이유가 있는지에 관한 부분이다. 블랙브라이어는 실체적 적법절차가 있다 하더라도 절차적 적법절차가 미비된 것이다.

또한 민주주의 사회의 정부기관은 랜디가 언급한 '균형과 견제'의 원리로 운영된다. 이는 특정 정부기관의 폭주를 막기 위함이다. 예를 들어 경찰 조직에 대한 감시가 없다면 경찰은 무고한 사람을 잡아들이고 시민의 인권이 침해받을 수 있다. 시민의 권리가 부당하게 침해되는 것을 막기 위해서 의회나 법원에서 잘못된 점이 있으면 꼬집는 것이다. 반대도 마찬가지이다. 이러한 상호 검증 시스템이 구축되어야 시민들이 권력의 남용을 막을 수 있다.

그린테이프를 찾아서

레드테이프와 반대되는 개념도 있는데 그것이 그린테이프(Green tape)이다. 레드테이프가 관료제의 병폐를 의미한다면 그린테이프는 관료제의 순기능, 특히 규칙이 가져오는 혜택을 뜻한다.[2] 우선 관료제가 존재하는 이유는 사회의 불확실성을 줄여주기 때문이다. 정부의 규칙은 문서화되어 있어야 한다. 문서화된 규칙은 사람들에게 안정감을 준다. 규칙이 있어야 어떠한 일이 일어났을 때 어떠한 절차를 따라서 일이 처리될지 예측이 가능하기 때문이다. 규칙이 없고 주먹구구식으로 정부가 일처리를 한다면 사회의 불안정성은 크게 증가할 것이다. 반대로 생각해서 정확한 규칙은 사회적 갈등을 줄여준다. 또한 이러한 문서화된 규칙 위에서 공무원들도 그에 맞추어 일을 효율적으로 할 수 있다. 더군다나 누군가에게는 번문욕례인 것이 누군가에게는 절차적 보호 장치가 될 수 있다.

어떠한 규칙이 그린테이프가 되기 위해서는 공권력의 목표와 수단이 적절하게 조화를 이루어야 한다. 그래야 시민들도 그 규칙에 순응하고 따를 수 있고, 공무원들도 규칙을 악용하지 않고 적용할 수 있다. 또한 규칙의 수준이 지나치게 엄격하지 않고 유연성이 있어야 한다. 과잉 통제하면 시민의 삶을 필요 이상으로 제약하고, 반대로 과소 통제하면 규칙이 유명무실해진다. 더불어 규칙의 의도가 이해되어야 한다. 규칙을 지키는 사람이 되었든 규칙을 지키게 하는 사람이 되었든 규칙의 의도 자체가 이해되지 않는다면 그 누구도 지키려 하지 않을 것이다.

2 안병철, 「관료제 순기능과 그린테이프의 개념 구성」, 『한국거버넌스학회보』 19(3), 2012, 301~325쪽.

다소 허탈한 이야기를 하자면 이러한 그린테이프의 조건은 너무 이상적이고 교과서적이다. 사실 적법절차의 적(適) 자는 적당하는 의미를 가지고 있다. 그런데 적정하다는 것은 생각보다 주관적이어서 누군가에는 적당하다고 파악되는 것이 다른 누군가에게는 적당하지 않다고 생각될 수 있다. 현실적인 어려움이 있다고 하더라도 정부의 규칙이 레드테이프가 아닌 그린테이프가 될 수 있는 방안을 늘 연구하고 찾아야 할 것이다.

레드테이프는 어떻게 알 수 있는가?

레드테이프를 줄이기 위해서는 레드테이프를 측정할 수 있어야 한다. 레드테이프는 어떻게 파악될 수 있는가? 어떠한 일이 처리되는 데 걸리는 시간을 측정하기도 하고, 서류의 수로 측정하기도 한다. 아예 레드테이프가 얼마나 있는지 주관적으로 측정하기도 한다. 이를 공무원에 물어볼 수도 있고 시민에게도 물어볼 수도 있다. 예를 들어 공무원에게 "고객의 불편이 있더라도 규정이나 절차를 따라야 하는가", "불필요한 법규와 규칙 때문에 내 능력을 발휘하는 데 지장이 있는가", "일을 할 때 규정을 위반하지 않는지 정기적인 감사를 받고 있는가", "일을 할 때는 법규나 규칙대로 하지 않는지 감시의 눈길을 받고 있는가"라는 설문을 주고 그렇다는 답이 많을수록 레드테이프가 많다고 보는 것이다.[3] 레드테이프 측정의 핵심은 규칙의 효용성에 달려 있다. 같은 규칙이라도 무용하다고 인식되면 레드테이프, 유용하다고

---

3   김병섭, 「행정조직의 레드테이프 : 민간조직과의 비교」, 『한국행정학보』 30(3), 1996, 1~17쪽.

인식되면 그린테이프가 될 수 있다.

레드테이프를 줄이자

마치 "쓰레기를 줄이자!"고 외치는 것처럼 레드테이프를 줄이는 캠페인을 펼친다면 시민들의 후생은 증가할 것이다. 이를 위해서는 레드테이프의 속성을 잘 따져볼 필요가 있다. 레드테이프에는 크게 두 가지 종류가 있다.[4] 규칙발생적 레드테이프와 규칙진화적 레드테이프이다. 규칙발생적인 레드테이프는 애당초 규칙에 비효율적인 요소가 있었던 것이다. 반면 규칙진화적인 레드테이프는 규칙을 만들 때는 적절했지만 집행하면서 상황이 변해서 문제를 일으키는 경우이다.

규칙진화적 레드테이프는 어쩔 수 없다고 치더라도, 규칙발생적인 레드케이프는 치밀하게 계산하고 정책을 디자인하면 문제를 해결할 수 있다. 사실 규칙을 만들 때에는 입법자나 공무원의 편의에 따라 어설프게 제정하는 경우가 더러 있다. 때로는 과도한 규제가 부정부패를 늘리고 특수 단체의 이익만을 도모하기도 한다.[5] 한번 규칙이 만들어지면 우리의 생활에 큰 영향을 미치는데 그 규칙을 바꾸려면 시간과 노력이 다시 든다. 그러므로 어떠한 규칙을 만들려면 명확한 목적을 가지고 과잉 적용이 되지 않도록 면밀한 연구가 필요하다.

---

4   안병철, 「레드테이프에서 그린테이프 전환연구」, 『한국거버넌스학회보』 23(1), 2016, 275~303쪽.
5   김병섭, 앞의 글.

한편, 규칙진화적인 레드테이프를 줄이려면 규칙일몰제를 도입할 필요도 있다. 처음에 만들었을 때와는 다른 상황이 펼쳐져 규칙이 문제가 되는 경우를 대비하여, 시한을 정해놓고 규칙의 효과성을 점검하고 문제가 있으면 폐지하고, 효과적인 규칙이라면 계속 유지시키는 것이다.

적법절차의 이름으로 _ 본 얼티메이텀

무능한 전문가의 항변

본 레거시

〈본 얼티메이텀〉이후 맷 데이먼이 (잠시) 하차하고 제레미 레너(Jeremy Renner)가 등장한 〈본 레거시(*Bourne Legacy*)〉가 본 시리즈의 스핀오프로 나왔다. 물론 맷 데이먼의 팬들은 실망할 수 있겠지만 〈본 레거시〉는 꽤 볼 만할 뿐 아니라 여러 가지 생각할 거리를 던진다.

본이 가져온 후폭풍

전작 3부작에서 밝혀진 대로 CIA는 트레드스턴이나 블랙브라이어 작전 같은 불법적인 비밀 작전을 수행해왔다. 이를 파멜라 랜디가 폭로하면서 CIA는 국회의 감사를 받게 된다. 그런데 이러한 불법 작전들을 CIA에서만 수행한 것은 아니었다. 국방부에서도 불법적인 요소가 가득한 작전을 펼친다. 그중 하나인 아웃컴 작전(Operation Outcome)도 문제시된다.

이러한 상황에서 아웃컴 작전의 책임자인 에릭 바이어(Eric Byer)[1]는 작전을

---

1 영화에서 이 작전은 국방부와 관련이 있는 National Research Assay Group에서 시행되

완전히 폐기하기로 하고, 이 작전에 따라 전 세계에서 일하는 요원들을 제거하기 시작한다.[2] 이 제거 대상 요원 중 한 명이 이 영화의 주인공인 애런 크로스(Aaron Cross)이다.

국방부의 압박에서도 애런은 가까스로 죽음의 위기에서 벗어나지만 또 다른 문제에 직면한다. 그것은 약물 중단의 부작용이다. 아웃컴 작전의 특징 중 하나는 요원의 실력 증강을 위해서 약을 나누어준다는 것이다. 특수 제조된 이 약을 복용하면 초인적인 힘을 발휘하게 된다. 그런데 문제는 그 약 복용을 중단했을 때 각종 부작용이 나타날 수 있다는 것이다. 그래서 애런은 약의 부작용을 극복하는 방법을 알기 위해서 이 약을 개발하는 연구진인 셜링 박사(Dr. Marta Shearing)을 찾아간다. 이때 셜링 박사는 살해 위협을 받고 있던 때인데 애런이 구해낸다. 이후 이 둘은 약을 찾고 반격의 기회를 도모한다.

박사가 아는 것은 무엇인가?

이른바 박사라고 하면 많은 것을 알고 있는 사람이라고 생각한다. 아마도 박사의 박 자가 넓을 박(博) 자라서 그런지도 모르겠다. 하지만 현실 세계에서 박사학위 소지자는 전공 분야에 관해서는 전문적인 지식을 가지고 있지만 그 외의 분야에는 문외한인 경우가 많다. 사실 박사라는 것은 예전 중국 진나라의 관직으로 시작되어 학문이 높고 문장을 잘 짓는 사람을 일컬었다.[3] 그러다가

고 에릭 바이어는 이 조직의 국장이다.

2   요원 중 한 명은 한국에서 일하는 것으로도 나온다.

3   김영심, 『한강에서 일어난 백제』, 웅진다책, 2006.

많이 아는 사람을 지칭하게 되었다.

박사학위 소지자로서 박사학위에 대한 이야기하자면 처음에 학부에 들어가서 전공과목뿐만 아니라 교양과목도 수강하면서 지적인 저변을 넓게 쌓는다. 그 후 석사과정에는 선택과목이 있을지언정 교양과목은 없는데 전공과목을 중심으로 지식을 함양한다. 마지막으로 (미국)박사과정에서는 첫 두해 동안에는 전공에 대한 심화적인 부분을 들으면서 전문가로서의 기초를 닦는다. 소위 코스웍(Coursework)를 마치고 졸업자격 시험을 치르면 일단 박사과정 수료가 된다. 이 후에 박사논문을 쓰는데 이 논문은 백과사전을 쓰는 것이 아니다. 아주 지엽적인 부분의 지식을 새롭게 창출하는 것이다. 이렇게 지엽적인 부분에 신경을 쓰며 세월을 보내면 큰 그림을 놓치기도 한다. 그래서 박사논문을 모두 쓰고 졸업할 때가 되면 세상에 대해 아는 것이 거의 없는 상태가 된 느낌을 받는다.

다시 영화 이야기로 돌아가자. 사건조사반으로 보이는 사람들에게 취조를 당하는 셜링 박사는 아마도 연구소에서 있었던 학살극이 연구소에서 개발하는 약과 관련이 있지 않나 의심한다. 이러한 상황에서 취조하는 요원이 셜링 박사를 자살로 위장하여 살해하려 할 때 애런이 나타나서 구해준다. 애런이 셜링 박사가 하는 연구 때문에 이 모든 사달이 일어난 거라고 이야기한다. 하지만 셜링 박사는 자신은 자기의 업무에만 집중해서 다른 것은 잘 모른다고 이야기한다. 극 중에서 셜링 박사는 생화학으로 박사학위를 받았다. 자신은 바이러스를 연구할 뿐 약이 어디서 만들어지는 모른다고 한다.

애런   정말 아무것도 모르세요? 그냥 도와만 준 거예요?

셜링　제 일 알죠. 과학이요. 그냥 연구하는 거예요. 제가 약을 제조하
　　　는 것은 아니에요. 정책을 만드는 것도 아니죠. 과학을 위해 있는
　　　거예요. 저는 나라를 돕는 거라고 생각했어요.

악을 낳는 관료제　.

　과학자는 사회에서 선도적인 위치에 있다. 하지만 그들이 하는 일은 세부
적으로 나누어져 있다. 그러다 보면 다른 사람이 무엇을 하는지 잘 모른다.
이것은 관료제가 가지고 있는 문제점 중 하나인 분업화 때문이다. 그리고
합리성이라는 아름다운 개념이 악을 산출하는 토대가 되기도 한다. 관료제
를 지탱하는 원리는 기술적 합리성(Technical rationality)이다.[4] 조직의 직원은 전
문적 기술, 자격에 의해 임명되고, 전문성에 따른 과업을 수행한다. 전문화
된 직무 내용을 중심으로 객관적 능력과 자격에 의하여 고용 계약이나 승진
이 이루어진다. 이는 합리적인 조직 운영 방식이다. 그런데 구성원은 큰 숲
을 보지 못하는 게 문제이다. 게다가 구성원들이 부분적으로는 탁월한 일을
해내지만 옳지 못한 결과를 초래하기도 한다. 또한 사회가 거대해질수록 자
신의 한 일과 결과를 연결짓기가 어려워진다.
　관료제가 문제가 되는 것은 관료제의 익명성이 명확한 책임성을 증발시
키기 때문이다.[5] 사실 우리는 여러 사회문제로 정부를 지탄한다. 민주주의
사회에서 당연한 일이다. 그런데 정부기관에서 일하는 공무원의 이름을 알

4　임의영, 「행정의 윤리적 과제」, 『한국행정학보』 48(3), 2014, 5~25쪽.
5　한나 아렌트, 『한나 아렌트의 말』, 윤철희 역, 마음산책, 2013.

고 그 공무원을 욕하는 경우는 드물다. 기껏해야 아는 공무원은 기간제 공무원인 대통령과 장관 정도일 것이다. 정부가 어떠한 나쁜 정책을 시행했을 때 실제로 수행하는 사람은 고위 공무원이 아니라 일반 공무원이다. 이들은 시키는 대로 했을 뿐이다. 그래서 확연한 불법이 아니고서야 공무원은 명령을 따랐다는 명목으로 책임을 면할 수 있다. 가장 전형적으로 나타나는 관료제 조직이 군대다. 일개 군인은 명령이 내려오면 따라야 한다. 여기에서 군인들은 명령에 복종했다는 이유로 자신의 행위를 면책할 수 있다. 영화에서도 셜링 박사는 시키는 명령을 따랐을 뿐이다. 아마도 그의 상관은 주어진 명령을 따르는 것이 나라를 위한 일이라고 이야기했을 것이다. 그래서 박사는 자신이 하고 있는 과학이 나라를 돕는 것이라고 생각한 것이다.

셜링 박사는 악인인가?

명령을 충실히 수행했던 셜링 박사는 잘못이 없을까? 유대인 가정에서 태어나 나치 독일의 유대인 학살을 지켜본 한나 아렌트(Hannah Arendt)도 관료제의 문제점을 알고 있었다. 특히 그의 저서인 『예루살렘의 아이히만 : 악의 평범성에 대한 보고서』는 유대인 강제이송을 담당하는 아돌프 아이히만(Adolf Eichmann)을 통해서 악이라는 것이 외형적으로 괴물 같지는 않을 수도 있음을 보여준다. 악이라고 하면 거대하고 흉측한 것을 생각하기도 하는데 오히려 현실에서의 악은 평범한 곳에서, 우리가 제대로 숙고하지 못하는 데서 비롯될지도 모른다고 설파한다. 아이히만은 독일 패망 후 아르헨티나로 숨어들었다가 이스라엘 모사드(Mossad)에 잡혀서 법정에 서게 된다. 법정에서 그는 일관적으로 명령을 따랐을 뿐이라고 이야기한다. 그는 관료제 입장에서는 일 잘하는 사람에 불과한 것이다. 유대인을 개인적으로 괴롭힌 것도 아니고 명령에 따라 수용소로 옮겼을 뿐이다.

히틀러(Adolf Hitler)가 악인이라는 것에는 거의 모든 사람이 동의할 것이다. 하지만 어디까지 악인일까? 그리고 악은 도대체 무엇인가? 악이란 인간의 도덕적 기준이나 양심을 어기거나 다른 사람에게 피해나 고통을 주는 혹은 극단적으로 죽음에 이르게 하는 나쁨을 말한다.[6] 이에 따르면 죄없는 유대인들을 죽음으로 몰아가는 데 일조한 아이히만은 악인이라고 볼 수 있을 것이다. 그리고 이 논리라면 위법한 작전에 일조한 셜링 박사도 아예 책임이 없다고 할 수 없을 것이다.

해결책은 있는가?

영화에 나오는 셜링 박사는 조직에서 하라는 대로 했을 뿐이다. 오히려 시키는 대로 하지 않으면 조직의 운영에 문제가 생길 수도 있다. 그리고 사실 사람들은 먹고사는 데 바쁘다. 그저 출근하면 퇴근을 기다리는 것이 보통 사람들이다. 월급이 나오면 카드 대금 나가는 것으로 고민하는 사람들이다. 현직장을 그만두면 다른 곳에서 일해야 한다. 뛰어난 능력을 가진 사람이 아니라면 이직도 쉽지 않다. 이러한 상황에서 단순히 셜링 박사에게 책임을 지우는 일은 너무 가혹한 일일 수 있다.

한나 아렌트는 앞서 언급한 『예루살렘의 아이히만』에서 문제의 근원에 철저한 무사유(Sheer thoughtlessness)가 있다고 본다. 그래서 한나 아렌트는 사유의

6　임의영, 앞의 글.

중요성을 강조하였다. 여기에서 사유라고 하는 것은 오늘 점심을 무엇을 먹을까 수준의 생각이 아니다. 다른 사람 입장에 서서 생각하고 판단하는 것을 말한다. 많은 사람들이 무사유로 살아가는데 이는 다른 사람의 입장에서 생각하려는 시도를 하지 않는 것을 말한다. 심하게 말하면 사이코패스 같은 행동을 하고 있는 것이다.

이러한 이유로 애당초 학교에서 교육할 때 내용 전달에 집중하여 정답 맞추기에 골머리를 싸매기보다는 연민(Empathy)에 대한 감수성을 길러주어야 한다. 우리는 그동안 팍팍한 경쟁 속에 살면서 타인 배려 교육을 받기가 힘들었다. 예를 들어, 명문대 혹은 의대 정원은 정해져 있다. 다른 사람이 높은 점수를 받고 입학 허가를 받으면 본인은 들어가지 못하기 때문에 상대방은 쓰러뜨려야 할 경쟁자가 된다. 이러한 치열한 경쟁 속에 다른 사람이야 어떻게 되든 나만 잘되면 된다고 생각을 하는 괴물이 나타나기도 한다. 조금은 비현실적이기는 하지만 수학 문제 하나 더 풀기보다는 곤란한 딜레마적인 상황에서 타인을 생각하고 타협해나가는 과정을 배울 필요가 있다.

교육 이야기를 좀 더 하자면 비판적인 사고를 독려할 필요가 있다. 우리나라 교육은 문제를 심도 있게 고찰하고 창의적으로 풀어가는 교육이라기 보다는 있는 내용을 잘 숙지하는 방향으로 발전해왔다. 그리고 똑똑한 사람은 시험에서 고득점한 사람을 말하곤 했다. 그러나 정말 똑똑한 사람은 복잡다단한 사안의 원인을 파악하고 해결책을 유기적으로 내는 사람이다. 아는 내용으로 문제를 맞추는 시험 기계는 합리적인 악의 근원이 될 수 있다.

마지막으로 뻔한 이야기이지만 문제가 있을 경우에 소신껏 말할 수 있는 사회적인 분위기가 중요하다. 괜히 문제 제기를 했다가 일자리를 잃고 개인적인 타격을 많이 받는 곳이 악이 자라나기 쉬운 곳이다. 앞서 이야기한 것처럼 악에는 거대한 악만 있는 것이 아니다. 일상생활에서 이유 없이 타인에게 고통을 주는 데 일조한다면 그것이 악이다. 도구적인 합리성은 기계에게 맡겨두고 인간이라면 좀 더 문제 자체에 대해서 의구심을 가지고 다가설 수 있어야 한다. 역설적이지만 인간은 비효율적이지만 근본적인 것에 생각할 필요가 있다.

사생활을 지켜줘

제이슨 본

본 시리즈의 (현재로서는) 마지막 영화인 〈제이슨 본(*Jason Bourne*)〉은 〈본 슈프리머시〉와 〈본 얼티메이텀〉을 감독한 폴 그린그래스(Paul Greengrass)가 다시 메가폰을 잡고 만들어졌다. 본 시리즈다운 스릴 있는 액션뿐만 아니라 국가 감시와 프라이버시에 대한 진지한 고민거리를 던져준다.

본에게로 또다시

세계의 이곳저곳을 돌아다니면서 조용히 잊혀진 삶을 살고 싶어 하는 제이슨 본(본명은 데이비드 웹)에게 CIA 요원이었던 니키 파슨스(Nicky Parsons)의 연락이 온다. 니키는 제이슨 본에 관련된 진실을 알려주겠다고 말한다. 그래서 제이슨은 니키를 만나기 위해 아테네에 가는데 CIA 국장 로버트 듀이(Robert Dewey)가 보낸 비밀요원은 본을 추적하여 살해하려고 한다.

본이 쫓기는 한편 다른 한쪽에서는 듀이는 딥 드림(Deep Dream)이라는 소셜 미디어 서비스 회장인 칼루어(Aaron Kalloor)에게 딥 드림 플랫폼의 비밀접근 경로인 백도어(Backdoor)를 알려달라고 설득한다. 하지만 칼루어는 그 제안을 거부하고 이에 듀이는 칼루어를 사법 절차로 압박한다. 그래서 칼루어는 듀이의 불법적 제안을 폭로하려고 한다. 이를 인지한 듀이는 칼루어를 암살하여 제거하려고 한다.

라스베이거스에서 열리는 컨퍼런스에서 칼루어를 죽이려는 듀이, 듀이를 만나려는 제이슨 본이 한 곳에서 겹쳐진다. 듀이에게 불만을 품은 부하 헤더 리(Heather Lee)의 정보를 받은 본은 칼루어의 죽음을 막고 진실을 알게 된다.

동전의 양면, 감시와 프라이버시

영화에서 눈여겨볼 지점은 감시와 프라이버시의 충돌이다. 감시(Surveillance)와 프라이버시(Privacy)는 필연적으로 상충적이다. 우선 우리나라에서 흔히 사생활로 통용되는 프라이버시란 국가를 포함한 다른 사람 혹은 기관의 감시나 간섭 없이 혼자 있을 수 있는 개인의 권리다.[1] 그리고 감시는 특정한 목적을 가지고 대중을 관찰, 감독하는 것을 말한다.[2] 그러므로 감시가 있는 곳에는 프라이버시가 위협받을 수 있다.

프라이버시는 중요한 권리이지만 절대적이지는 않다. 예를 들어, 공공장

---

1   Laudon, K. & Laudon, J., *Management information systems: Managing the digital firm*(10th edition), NJ: Pearson Education Inc, 2006.

2   원문은 "Surveillance refers to the monitoring and supervision of populations for specific purposes." Lyon, D. & Zureik, E., "Surveilance, privacy, and the new technology", in David Lyon & Elia Zureik(Eds), *Computer, surveilance, and privacy*, MN: University of Minnesota Press, 1996.

소에서 CCTV를 어렵지 않게 볼 수 있다. 공공의 안녕을 위해서 설치한 것이기 때문에 많은 사람들이 그러려니 하고 넘어간다. 이를 통해서 정부기관(혹은 사기업)은 만약의 일에 대비하고 사건이 발생했을 때 문제의 원인을 파악할 수 있다. 이제 너무 익숙해져 감시라고 느끼지는 않지만 CCTV는 일종의 감시다. 완전한 수준의 프라이버시를 위해서는 CCTV를 피해 다녀야 하는데 사람들이 모여 사는 곳에서 이를 피하는 일은 매우 어렵다.

이뿐만 아니라 최근에 프라이버시와 감시에 대한 문제는 온라인에서도 일어난다. 소셜미디어에 자발적으로 사진이나 정보를 공개하는 경우에는 문제가 되지 않는다. 하지만 사람들은 그 외에도 온라인에서 여러 가지 일을 한다. 온라인에서 개인이 활동하는 것을 의도적으로 보는 정부가 있다면 그것은 감시의 문제가 된다. 시민들도 자신이 온라인에서 무엇을 하는지 누구와 이야기하는지 정부가 알기 원하지 않을 것이다. 그래서 인터넷 서비스 업체에서는 개인정보를 중시하고 자기의 플랫폼에서는 프라이버시가 지켜진다고 주장하는 경우가 많다. 영화에서 칼루어가 이야기하는 것도 그 맥락이다.

"우리는 새로운 플랫폼을 열려고 해요. 우리의 공동체를 위해 한발자국 도약하는 겁니다. 15억 명의 사용자가 있는데요. 수많은 사람들의 생태계를 가지고 있죠. 새로운 플랫폼에서는 사용자의 정보와 취향을 합쳐서 전에는 없던 독특한 서비스를 제공하려고 해요. 음… 기자님들이 프라이버시에 대한 점을 지적하실 것 같아요. 많은 사람들이 걱정하는 부분이죠. 그리고 그래야 하죠. 우리에게 중요하잖아요. 누구도 감시당하고 싶지 않아 하는 것을 알아요. 그래서 제가 말씀드립니다. 딥 드림에 오시면 어느 누구도 당신을 감시하지 않습니다."

아이언 핸드를 가동하라

국가는 사회안정이라는 이름으로 온라인에서 일어나는 일도 알고 싶어 한다. 그런데 온라인 서비스는 대부분 사기업이 운영하고 있다. 전 세계적으로 많이 사용되는 소셜미디어 중 하나인 페이스북도 사기업이다. 국가가 이 페이스북에서 일어나는 일을 알고 싶다면 영장이 필요할 것이다. 그런데 영장을 발급받지 않고 사용자의 동의 없이 보고 싶을 수 있다. 이 경우가 문제가 된다. 영화에서 듀이가 칼루어에게 백도어를 열어달라고 하는 것은 이러한 연유에서이다.

듀이는 미국을 위협하는 세력이 온라인을 통해서 활동한다고 보고 이를 감시해야 할 필요를 느낀다. 그래서 비밀 작전인 아이언 핸드 작전(Operation Iron Hand)을 진행한다. 아이언 핸드는 온라인 소셜미디어를 통한 전방위 감시 프로그램이고 영화에서는 소셜미디어 딥 드림과 협력하는 것으로 나온다. 이를 통해서 CIA는 소셜미디어에서 이루어지는 대화까지도 알 수 있게 된다. 만약에 시민들이 정부가 감시하는 것을 모르거나, 알더라도 실질적으로 막을 방도가 없다면 디지털 권위주의(Digital authoritarianism)로 가는 길이 된다.

안전의 가격, 감시

영화의 클라이막스에서 주인공들이 만나는 컨퍼런스의 주제가 〈프리 인터넷 규제 : 개인적 권리 대 공공의 안전〉이었다. 영화의 핵심을 찌르는 주제로 CIA 국장인 듀이와 소셜미디어 딥 드림의 칼루어가 상반된 의견을 보인다. 듀이는 안전이라는 가치를 위해서는 감시가 필요하다는 입장이고 칼루어는 프라이버시가 더 중요하므로 감시하는 데 협조하지 않겠다는 입장이다.

듀이   애런 넌 명석한 젊은이야. 우리가 동의할 때 넌 이미 이러한 위험을 알았잖아.

칼루어 이 동의가 공개되면 다가올 후폭풍을 아세요? 이미 스노든 건으로 타격을 입었는데 더 원하세요?

듀이   우리의 적들은 점차 정교해졌어. 메타데이터를 모으는 건 더 이상 충분치 않아. 우리는 너희 새로운 플랫폼의 백도어가 필요해. 암호를 우회해서 말이지.

칼루어 그게 충분치 않으면 새로운 걸 원할 거구요. 모르시겠어요? 프라이버시는 자유예요.

듀이   이 망나니 같은 녀석. 너 회사 시작하고 우리가 너희에게 자금 지원해줄 때 프라이버시나 자유는 믿지도 않았잖아. 그러고 나서 억만장자가 되었지.

칼루어 전 여러 번 갚았어요. 그리고 이제 이런 것들이 불편해요. 저 이제 안 할래요. 고객들을 팔아넘기지 않을 거예요.

듀이   그런데 넌 나라를 팔아넘기고 있어. 사실 네가 위협을 느꼈다면 이런 대화도 없었겠지. 넌 프리 인터넷을 이야기하고 세상을 구한다고 이야기하지. 근데 네가 하는 일은 세상을 더 위험하게 하지. 넌 나라를 더 지키기 어렵게 만든다고. 그리고 그것에 책임이 있어, 애런. 책임이.

둘의 대화에서 알 수 있듯이 듀이는 안전이라는 가치를, 칼루어는 프라이버시라는 가치를 더 중시한다. 이들이 다른 가치관을 갖는 것은 문제가 되지 않는다. 문제가 되는 것은 아이언 핸드 작전이 비밀 작전이라는 것이다. 만약에 CIA가 떳떳했다면 안전을 위해서 시민들의 소셜미디어를 들여다보겠노라고 공개적으로 발표했을 것이다. 마치 공공장소에 CCTV를 설치하는 것처럼 말이다. 하지만 소셜미디어는 공공장소와는 특성이 다르고 프라이버시가 더 두텁게 보장받아야 한다. 그래서 CIA가 공공연하게 시민의 일거수일투족을 보겠다고 말할 수 없는 것이다.

지금까지는 정부가 시민 영역을 어떻게 살필 것인지를 논의했는데 사실 시민도 자신의 정보를 지킬 권리가 있다. 민주사회에서 시민들은 정보적 방어권을 가지며 정보 수집 행위와 수집된 정보의 이용 행위의 중지를 요구할 수 있다.[3] 이에 반박하는 사람은 거의 없다. 그런데 문제는 이 방어권이라는 것이 말은 쉽지만 현실에서는 수많은 행정 절차를 통과해야 제대로 발휘할 수 있다는 점이다. 그리고 이 행정 절차를 거치려면 많은 시간과 노력이 필요하다. 그래서 상당한 인내심과 시간의 자원이 없다면 제대로 정보를 지킬 수 없다.

다행히도 최근 과학기술의 발전으로 시민이 정부를 감시할 수 있게 되었다. 이를 감시(Surveillance)와 대척점에 있는 역감시(Sousveillance)[4]라고 부른다. 시민들이 정부를 잘 감시한다면 정부가 시민을 감시하는 데서 오는 부작용을 막을 수 있다.

---

3   이상돈, 『법학입문』(3판), 법문사, 2007.
4   이 단어는 스티브 만(Steve Mann)이 만들었다. Surveillance가 프랑스어로 위에서 본다는 뜻인데 반해 Sousveillance는 아래에서 본다는 의미를 가지고 있다.

영화가 영화가 아니야

〈제이슨 본〉의 내용이 허무맹랑한 이야기는 아니다. 실제로 미국 국가안전보장국(National Security Agency: NSA)이 마이크로소프트가 운영하는 스카이프와 아웃룩 서비스 접근권을 허용받았다는 의혹이 있다.[5] 에드워드 스노든은 미국이 자국은 물론이거니와 전 세계적으로 도청, 감청을 하고 있다고 폭로했다. 그에 따르면 NSA는 비밀 감시 프로그램인 프리즘을 통해 마이크로소프트, 구글, 페이스북 등으로부터 사용자의 이메일, 사진, 영상, 음성대화, 인터넷 정보 검색 기록, 검색 엔진 질문 기록, 클라우드에 저장된 모든 데이터를 지속적으로 수집했다.[6] 물론 미국 정부에서는 이 혐의를 인정하지는 않았지만 확실한 것은 미국 같은 강대국은 기술적으로는 충분히 온라인에서 일어나는 일을 감시할 능력을 가지고 있다는 것이다.

우리나라에서도 프라이버시와 감시는 중요한 사회문제이다. 대한민국 헌법 17조에서는 "모든 국민은 사생활의 비밀과 자유를 침해받지 아니한다"고 규정하고 있다. 프라이버시와 관련해서는 개인정보보호법이 있다. 이 법은 개인정보의 처리 및 보호에 관한 사항을 정함으로써 개인의 자유와 권리를 보호하고, 나아가 개인의 존엄과 가치를 구현함을 목적으로 한다. 여기에서 개인정보라 함은 '성명, 주민등록번호 및 영상 등을 통하여 개인을 알아볼 수 있는 정보'와 '해당 정보만으로는 특정 개인을 알아볼 수 없더라도 다른 정보와 쉽게 결합하여 알아볼 수 있는 정보'를 모두 포함한다. 그리고

---

5   글렌 그린월드, 『스노든 게이트 : 세기의 내부고발』, 박수민 · 박산호 역, 모던아카이브, 2014.
6   에드워드 스노든, 『스노든 파일』, 이혜인 역, 푸른숲주니어, 2021.

개인정보 처리자는 개인정보의 처리 목적을 명확하게 하여야 하고 그 목적에 필요한 범위에서 최소한의 개인정보만을 적법하고 정당하게 수집하여야 한다. 이에 따라 국가와 지방자치단체는 개인정보의 목적 외 수집, 오용·남용 및 무분별한 감시·추적 등에 따른 폐해를 방지하여 인간의 존엄과 개인의 사생활 보호를 도모하기 위한 시책을 강구하여야 한다. 문제는 실제로 이 법대로 개인정보가 지켜지는가이다.

과거에는 개인정보에 대한 관념이 희박하여 주민등록번호나 집 주소를 쉽게 알아낼 수 있었다. 심지어 졸업앨범에 집주소와 전화번호를 인쇄해놓기도 했다. 과거에 비해 악화된 점은 기술의 발전으로 인하여 예전에는 불가능에 가깝던 정보 수집이 가능해졌다는 것이다. 그래서 국가는 온라인에서도 감시를 할 수 있지만 안 하는 것이 중요하게 되었다. 국가가 시민을 감시하지 않도록 하려면 시민들이 국가를 감시해야 한다. 그렇지 않으면 국가는 안전이라는 이름으로 시민들을 통제하려고 할 것이다. 한때 자유로운 세상으로 여겨지던 온라인 세상이 디지털 권위주의의 온상으로 가지 않게 하기 위한 시민들의 노력이 필요하다. 이 노력은 자유롭게 살기 위해 지불해야 하는 비용일 것이다.

외계인을 찾는 데 예산을 써야 할까?

콘택트

2016년에 나온 〈컨택트〉라는 영화가 있었다. 그러나 이 영화의 원제는 〈The Arrival〉이다. 그리고 2019년에 나온 〈콘택트 : 지구 최후의 날〉이라는 영화가 있었는데 원제는 〈His master's voice〉이다. '콘택트'라는 영화 제목의 원조는 1997년에 나온 〈콘택트(Contact)〉이다. 저명한 천문학자 칼 세이건(Carl Sagan)이 1985년에 쓴 소설을 기반으로 우주와 외계 생명에 대한 인간의 수채화적인 희구를 잘 그려낸 이 영화의 메시지는 다양하게 해석되고 읽힐 수 있는데, 이 글에서는 과학기술 정책 그리고 공공 예산에 대한 문제로 바라보고자 한다.

외계를 향해 혈세 사용

조디 포스터(Jodie Foster)가 연기한 엘리너 애로웨이 박사(Dr. Eleanor Arroway)는 천문학자이다. 지구 외에도 생명체가 살고 있다는 믿음[1]을 가지고 전파를

---

1   우주에 고등 생명체가 살아 있다는 것이 증명된 바는 없다. 하지만 어딘가에는 인간

외계로 쏘는 일을 한다. 이 일은 가상의 일이 아니라 실제로 외계 지적 생명체 탐사(Search for Extra-Terrestrial Intelligence: SETI) 프로젝트를 배경으로 한다. 수많은 천문학자들이 외계에 전파를 보내는 일을 하면서 외계 생명체가 우리의 응답을 받기를 기다리고 있다. 현실에서 SETI 프로젝트에 대한 미국 정부 지원이 잠시 중단된 것처럼 극 중에서도 연구비가 끊겨서 애로웨이 박사는 어려움을 겪는다.

그 사업의 어려움은 소설『콘택트』에 잘 나와 있다.[2]

> "이건 끝이 보이지 않는 일이야. 몇십 년이 흘러도 신호는 하나도 잡을 수 없을 거라고. 그러면 자네는 다시 오스트레일리아나 아르헨티나에 수백만 달러를 들여 아르고스 연구소와 같은 설비를 갖추어 남쪽 하늘을 관찰해야 한다고 주장하겠지."

만약에 SETI 프로젝트가 그린벨트가 해제된 땅에 건물을 짓는 부동산 프로젝트같이 확실하고 돈이 되는 사업이라면 아무리 말려도 어떻게든 투자하려고 사람들이 나설 것이다. 그런데 SETI 프로젝트는 도무지 언제 외계인들이 인간이 보낸 신호를 받고 응답할지 전혀 모르는 사업이다. 게다가 프로젝트가 실패하더라도 연구자들은 외계인이 신호를 더 잘 받고 우리도 그들의 응답을 잘 받을 수 있도록 또다시 투자하라고 주장할 수 있다. 이러

에 버금가는 고등 생명체가 있다는 신념을 가진 과학자들이 꽤 있다. 『콘택트』를 쓴 칼 세이건도 다음과 같이 썼다. "우주는 정말 큰 곳이다. 만약에 우리만 있다면 그건 정말 엄청난 공간낭비일 것이다(The universe is a pretty big place. If it's just us, seems like an awful waste of space)."

2   칼 세이건,『콘택트』, 이상원 역, 사이언스북스, 2001.

한 상황에서 당연히 SETI 프로그램에 정부 돈을 쓰는 것이 타당하냐의 문제에 봉착한다. 가끔 "정부가 왜 세금을 저런 곳에 낭비하지?"라는 의문이 들 때가 있다. 시민들이 SETI 프로그램의 효용성을 이해하는 것은 어려운 일이다. 일단 전파를 보내서 외계인이 그 전파를 받아서 응답할 확률이 극히 낮다.[3] 예산은 한정되어 있다. 그런데 받을지 안 받을지 모르는 곳에 전파를 쓰면서 한쪽에서는 빈곤에 처한 사람들이 정부의 도움을 기다리고 있다. 이러한 상황에서 정치인이 자신있게 외계인 탐사를 위한 시설에 예산을 늘리겠다고 말하는 것은 쉽지 않다. 물론 예산이 무한정하다면 가능하지만 그런 일은 현실에서는 일어나기 힘들다.

전파를 외계인이 받아서 응답을 했다고 하자. 그리고 그 외계인이 지구를 찾아왔다고 하자. 이것이 좋은 일인가? 어둠의 숲 가설(Dark forest hypothesis)에 따르면 그 외계인이 인간에게 좋은지 나쁜지도 알 수 없다. 예를 들어, 대중에게도 널리 알려진 물리학자인 스티븐 호킹(Stephen Hawking)은 콜럼버스가 아메리카 대륙에 도착했을 때에 비유하면서 외계인이 선한 존재일 것이라고 가정하는 것에 우려를 나타냈다.[4] 전파를 보내지 않았으면 일단 외계인이 찾아오지 않는다고 가정하면 외계로 전파를 보내는 일은 위험을 자초하는 일이 될 수 있다. 소설 『콘택트』에도 이에 대한 생각은 잘 나와 있다.[5]

---

3 물론 영화에서는 외계인이 인간이 보낸 신호를 받는 것은 물론이거니와 우주선 설계도를 보내주어서 주인공이 외계인(애로웨이의 아버지 형상을 하고 나타남)을 만나기도 한다.

4 BBC, *Stephen Hawking's warnings: What he predicted for the future*, 2018. https://www.bbc.com/news/science-environment-43408961

5 칼 세이건, 앞의 책.

외계인들이 인류와 얼마나 다른 존재일지는 추측할 수조차 없었다. 심지어 워싱턴에 있는 국회의원들의 의중을 헤아리는 것도 이렇게 힘든데 수백 혹은 수천 광년이나 떨어진 곳에서 물리적으로 다른 세상에 살고 있는 근본적으로 다른 종류의 생명체가 어떤 생각을 할지 도대체 어떻게 안단 말인가?

예산은 어떻게 사용되야 하는가?

1940년 키(V.O. Key)는 「예산이론의 부재(The lack of a budgetary theory)」라는 논문에서 "어떠한 근거에서 X달러의 지출이 B활동이 아니라 A활동에 배분되어야 하는가?"라는 질문을 했다.[6] 예산 결정은 경쟁적 요구 간에 한정된 자원을 배분하는 작업이다. 키의 생각을 영화 〈콘택트〉에 대응해보자면 정부는 "어떠한 근거에서 정부 지출이 빈곤 퇴치 활동이 아니라 외계 지적 생명체 탐사 프로젝트에 배분되어야 하는가?"라는 질문에 응답해야 한다. 분명히 사회에는 가난에 허덕이는 사람이 있다. 이러한 사람을 돕는 데 돈을 쓰지 않고 외계인을 찾는 데 쓴다면 그만한 이유가 있어야 한다.

이후 1952년에 루이스(Verne B. Lewis)는 예산에 대한 결정에 대한 세 가지 기준을 내세웠다.[7] 첫 번째는 지출되는 결과(return)가 희생되는 대안의 비용은 되어야 한다. 그래서 예산 분석은 기본적으로 대안의 상대가치 비교(A comparison of the relative merits)를 해야 한다. 〈콘택트〉의 SETI 프로그램이 추구

---

6   Key Jr, V.O., "The lack of a budgetary theory", *American Political Science Review*, 34(6), 1940, pp.1137~1144.

7   Lewis, V.B., "Toward a theory of budgeting", *Public Administration Review*, 12(1), 1952, pp.42~54.

하는 바는 다른 현실적인 정책과는 거리가 멀어서 쉽사리 비교하기가 어려운 것이 사실이다. 두 번째 기준은 점증분석(Incremental analysis)에 입각해서 추가적으로 발생하는 예산을 심의해야 한다는 것이다. SETI 프로그램은 이기준에도 잘 맞지 않는다. 사실 외계 생명체라는 것이 한 해 지나면 조금씩 나타나는 것이 아니기 때문이다. 세 번째 기준은 목표 달성을 위해서 필요한 대안의 상대적인 효과성을 따져보아야 한다는 것이다. 만약에 SETI 프로그램 말고 다른 방법으로 외계 생명체와 교신할 수 있는 방법이 있다면 그 프로그램과 비교하며 효과적인 것에 예산을 투여할 수 있겠다.

공공재의 문제

예산 문제가 오랫동안 논의되는 근원적인 이유는 공공재(公共財)라는 특성 때문이다. 정부가 존재하는 이유 중 하나는 공공재를 제공해야 하는 데 있다. 사실 정부가 하는 많은 일은 사기업에서도 할 수 있다. 하지만 사기업이 아닌 정부가 일을 하는 것은 어떠한 일들은 비배제성(non-excludability)과 비경합성(non-rivalry)을 가지고 있기 때문이다. 그러므로 돈이 되지 않거나 사회적인 필요가 절실한 일은 정부가 직접 하고 있다. 예를 들어, 국방도 비배재성과 비경합성을 띤 서비스이다. 가령 나라가 전쟁을 하는 데 세금을 내지 않은 시민을 일일이 파악해서 제외하기 어렵다. 그리고 한 사람 더 사회에 있다고 국방 비용이 더 필요하지도 않다. 예를 들어 피자를 나눠 먹을 경우 사람이 한 명 더 추가되면 각각의 몫이 줄어든다. 그런데 국방 서비스는 한 사람이 더 추가된다고 해서 그 양이 줄지는 않는다. 이러한 국방 서비스는 대표적인 공공재이다. 이 공공재에 대한 예산의 증감은 의회에서 결정된다.

그러다 보니 정부의 결정에 찬성하는 사람도 있고, 반대하는 사람도 있다. 안전한 삶을 사는 데 필수적인 국방 예산에 대해서도 이러한데 우주 개발 예산을 두고 찬반 의견이 나오는 것은 너무도 당연하다.

우주 개발의 이유

실용성만 생각하면 우주 개발 사업 예산을 줄이는 것이 합리적인 선택이다. 그 돈으로 차라리 빈곤층을 구제하는 것이 훨씬 낫다고 생각할 수 있기 때문이다. 문제는 창의적인 진보는 종종 어처구니없어 보이는 일에 투자할 때 나온다는 것이다. 우리나라에서 과학 부문 노벨상 수상자가 나오지 않는 이유 중 하나가 장기적인 안목을 가지고 투자하지 않는 점이다. 늘상 지적하는 부분이 왜 인내심을 가지고 투자하지 못하느냐는 것이다. SETI도 그렇게 해석될 여지가 있다. 일단 쓸모없어 보이는 일이다. 그 쓸모없는 일을 꾸준히 하다 보면 뜻하지 않게 중요한 것을 발견하거나 발명할 수도 있다. 많은 혁신들이 이렇게 생겨났다. 우주에 위성을 띄우고 달에 사람을 보내는 사업도 처음에는 비판을 받았다. 지금이야 인공위성을 보는 것이 어렵지 않은 일이지만 50년 전만 하더라도 왜 그런 데 투자해서 돈을 낭비하느냐는 질문에 답을 해야 했다(물론 미국과 소련의 체제 경쟁의 산물이기도 하지만). 하지만 우주 개발 과정의 부산물로 나온 기술들 중에 지금 현재의 인류가 윤택하게 살아가는 데 도움이 되는 것이 많다.

확실히 당장에는 쓸모가 없지만 먼 미래에는 도움이 되는 투자가 있다. 후진국에서는 당장 먹고살기 바쁘기 때문에 당장의 문제를 해결하는 데에만 돈을 쓴다. 그런데 선진국에서는 당장은 도움이 되지 않지만 미래의 잠재성이 있는 곳에 돈을 쓴다. 그 돈은 돌아오지 않을 수도 있지만 신기술 개발이라는 이름으로 크게 돌아올 수도 있다.

한정된 예산을 나누어서 쓰는 것은 매우 어려운 일이다. 일단 문제는 항상 있고 그것을 감당하기에 예산은 터무니없이 부족하다. 그래서 나타난 예산 제도가 성과를 강조하는 성과주의 예산 제도다.

성과주의 예산 제도의 명과 암

예산은 국민의 세금으로 조성된 만큼 소중하게 쓰여야 한다. 많은 학자와 실무진들이 고민해서 고안한 예산 제도가 성과주의 예산 제도(Performance budgeting)이다. 말 그대로 예산 지출과 성과를 연결시켜서 예산을 책정하겠다는 것이다. 예전에는 산출보다는 투입에만 관심이 있었다. 그래서 산출이 어떻게 되었든 지출 투입을 명확하게 하고 그 사용만 제대로 하면 되었다. 하지만 이제는 돈을 사용해서 어떠한 결과를 얻었느냐에도 관심을 갖게 되었다. 이 성과주의 예산에서 중요하게 고려되는 것은 "계획된 성과지표의 목표치를 달성했는가?"이다.

성과주의 예산 제도가 외계인 찾기 같은 모험적인 사업에는 지출하지 않을 것은 명백하다. 정부에서는 대학을 비롯한 여러 연구기관에 돈을 지원한다. 그런데 지원하면서 갖가지 조건을 건다. 논문 편수라든지 특허의 개수 등을 계산해서 금전적인 지원을 계속할지 안 할지 결정한다. 영화 〈콘택트〉의 사업에서 나오는 성과는 미미할 것이다. 이러한 이유로 정부에서는 예산을 배당하는 것을 꺼려할 것이다.

해결의 실마리

성과 산출이 불투명한 사업에 대한 한 가지 방안은 사적인 투자이다. 예를 들어, 앨런 망원경 배열(Allen Telescope Array)은 빌 게이츠와 함께 마이크로소프트를 창업했던 폴 앨런이 기금을 쾌척하여 만든 기관이다. 〈콘택트〉에서 애로웨이 박사 역할을 했던 조디 포스터도 이 기관에 기부했다.[8] 영화에서는 일단 정부 예산이 끊기지만 사기업의 지원을 받아서 정부의 시설을 애로웨이 박사가 이용하는 것으로 나온다.

꼭 부자가 아니더라도 이 사업에 관심 있는 사람들이 십시일반 기부하여 운영할 수도 있다. 이럴 경우에는 특별히 예산에 대한 고민이 없어진다. 예를 들어, 화성에 갈 꿈을 꾸고 있는 일론 머스크가 대표적이다. 만약에 미국 정부가 세금으로 사람을 화성에 보내려고 한다면 강한 반대에 부딪칠 수 있다. 하지만 기업인인 머스크가 화성에 가고자 한다면 그럴 수도 있다고 고개를 끄덕이게 되는 것이다.

8 CNBC, *The SETI Project: They Are Not Alone*, 2011.
   https://www.cnbc.com/2011/08/12/the-seti-project-they-are-not-alone.html

왜 공무원은 미소를 잃어버렸는가?

에브리씽 에브리웨어 올 앳 원스

2023년 아카데미 작품상을 받은 〈에브리씽 에브리웨어 올엣원스(*Everything, everywhere, all at once*)〉는 멀티버스(Multiverse)에 대한 내용을 신선하게 보여준 영화이다. 주된 내용은 멀티버스이지만 극 중 눈길이 가는 인물은 제이미 리 커티스(Jamie Lee Curtis)가 연기한 국세청 공무원이다. 영화는 이 공무원을 위압적이면서도 코믹하게 잘 그려냈다. 국세청 직원이 주인공인 에블린을 괴롭히는 것 같은데 사실 악역은 아니다. 그렇게 행동하는 데는 그만한 타당한 이유가 있다.

국세청 직원은 웃지 않습니다

세탁소를 운영하는 주인공 에블린은 국세청 직원에게 혼쭐이 난다. 주인공에게 감정적으로 이입한 관객이라면 속이 상할 만도 하다. 하지만 반대로 생각해보면 국세청 직원이 시민의 요구를 모두 들어준다면 공정한 행정 처리가 되지 않을 것이다. 심지어 개인적인 사정을 봐주고 뒷돈을 챙기는 부패가 일어날 수도 있다. 국세청 직원이 아니더라도 공무원이 공정하게 시민의 요구에 응하지 않는다면 정실주의 논란에 빠질 수 있다.

세무공무원은 어떻게 세탁소를 하는데 노래방 기기에 대한 지출이 경비 처리가 될 수 있는지 꼬치꼬치 묻는다. 그리고 사업별로 분리해서 경비 내역을 작성하라고 한다. 그리고 주인공과의 대화가 탈세를 가리는 중요한 자리라고 강조한다. 어쩌면 백인인 조세 조사관이 동양인을 괴롭히는 것이 아니냐고 반응할 수도 있겠지만 세무공무원의 이야기는 매우 합리적이다.

게다가 이 세무공무원은 '이달의 조사관'상을 세 번이나 받은 바 있음을 자부심 넘치는 어조로 강조한다. 그만큼이나 엄정하게 세무행정을 집행하고 있다는 것이다. 단순히 납세자가 삶이 고단하다는 이유로 이 세무공무원이 제대로 일을 하지 않았다면 그 상을 받지 못했을 수도 있다.

극 중에서 세무공무원은 왼손에 붕대 같은 것을 묶고 있다. 이는 그가 얼마나 열심히 일을 했는지를 간접적으로 보여준다. 건성건성 일하는 사람이었다면 노래방 기기 영수증을 경비 처리한 것을 대충 넘어갈 수도 있다. 그렇게 깐깐하게 일을 처리해야 하냐고 생각하는 사람도 있겠지만 사실 이 세무공무원의 행동은 다른 사람에게 모범이 될 만한 행동이다. 그래야 세무행정의 기틀이 바로 선다.

이 세무공무원은 능력과 경력을 갖춘 사람이다. 그는 숫자를 넘어 현실을 볼 수 있는 능력이 있다. 영수증 더미만 봐도 인생이 보인다는 것이다. 탁월한 세무공무원은 단순히 세무지식을 많이 안다고 될 수 있는 게 아니다. 다년간의 경험을 통해서 현실이 돌아가는 바를 파악해야 될 수 있다.

또 이 세무공무원이 피도 눈물도 없는 사람은 아니다. 아무리 행정 규율이 정해져 있다고 하지만 궁극적으로 일을 하는 것은 사람이다. 그만큼이나 공무원에게는 소정의 재량이 있다. 그래서 세무공무원은 바로 에블린을 사기로 고발하여 벌금을 부과할 수도 있었지만 원어민인 딸을 통역으로 데려오라고 권유하고[1] 시간을 줘서 퇴근 전까지 다시 증빙자료를 제출하라고 한다. 이러한 점을 모두 고려해본다면 세무공무원은 개인적인 이유로 에블린을 곤욕스럽게 하는 것이 아니라 합리적인 이유로 문제를 지적하고 해결책까지 알려주고 있다. 이를 보면 공직자로서 원칙을 지키면서 시민을 도와가며 일을 처리한다고 볼 수 있다.

왜 공직자가 되었는가?

이 세무공무원의 행동을 파악하기 위해서는 우선 공직에 입문하는 사람들의 동기를 알아볼 필요가 있다. 행정학에서는 사람들이 공무원이 되고자 하는 이유를 공직 봉사 동기(Public service motivation)로 파악하기도 한다. 공직 봉사 동기를 합리적 동기, 규범적 동기, 정서적 동기로 나누어 볼 수 있다.[2]

합리적 동기의 차원에서 보자면 공무원은 합리적인 계산에 의해 공직에서 일한다. 예를 들어, 직업 안정성 면에서 공직이 사기업에서 일하는 것보다 낫기 때문에, 또는 퇴직 후 연금이 든든하기 때문에 공직을 택한 것이다. 두 번째 규범적 동기는 이타적인 측면으로 공동체 전체를 위해서 일하는 것을 말한다. 사익 추구도 중요하지만 공동체의 문제 해결에 관심이 있어서 공직에 입문한 것이다. 마지막으로 감성적 동기는 계산이나 의무감보다는

---

1   에블린은 미국으로 이민 온 아시아인으로 언어적인 오해 때문에 비롯된 실수를 할 수 있으므로 세무공무원이 배려한 것이다.

2   Perry, J.L. & Wise, L.R., "The Motivational Bases of Public Service", *Public Administration Review*, 50(3), 1990, pp.367~373.

감정적으로 공직에 헌신해야겠다는 마음가짐을 말한다. 이러한 이유로 공직에 봉사하는 사람은 "사회의 선을 위해서라면 스스로 희생을 감수할 마음이 있다"라든지 "사회에 바람직한 변화를 가져오는 것이 개인적인 성취보다 더 큰 의미가 있다"라는 것으로 평가된다.[3]

목석이 된 공무원

공무원이 처음부터 무뚝뚝한 것은 아니다. 처음 임용되었을 때 많은 공무원들은 부푼 기대를 가지고 업무에 임할 것이다. 하지만 시간이 지날수록 어처구니없는 사람을 만나면서 사기가 저하된다. 특히 이러한 양태가 나타나는 것이 사회복지 공무원이다. 갓 임용되었을 때에는 어려운 주민을 위해서 따뜻한 마음으로 다가간다. 하지만 모든 시민이 천사는 아니다. 예의 없는 시민을 만나면서 마음의 상처를 얻는다. 상처가 치유되기도 전에 몰상식한 시민을 또 경험하고 상처가 깊어진다.

예의 없는 시민을 만나지 않더라도 시민 한 사람 한 사람을 온 힘을 다해 응대하며 그들의 사연에 전적으로 공감하는 공무원이라면 아마도 정신적인 스트레스가 상당할 것이다. 그래서 스스로 지키기 위해서 처음과 달리 무뚝뚝해지는 것이다.

3   강지선·임효숙, 「공공봉사동기가 공무원의 조직시민행동에 미치는 영향」, 『한국행정논집』 32(3), 2020, 503~524쪽.

공무원은 몰인정한 것이 덕목이다

행정학에서 정부 조직이 어떻게 운영되어야 하는지에 대한 논의는 지난 100여 년 넘게 이루어져왔다. 그중 가장 기틀이 되는 것이 바로 막스 베버가 정리한 관료제이다. 지금과 같은 관료제적인 정부는 예전부터 있어왔다. 하지만 이를 체계화한 것은 독일의 학자 막스 베버(Max Weber)이다. 막스 베버에 따르면 관료제는 여러 가지 특성을 가지는데 그중 하나가 몰인정성(Impersonality)이다. 조직에 근무하는 사람이 감정을 가져서는 안 된다는 뜻이 아니라, 업무를 처리하는 데 사적인 감정을 드러내서는 안 된다는 것이다. 몰인정성이라고 하니까 굉장히 부정적으로 들릴 것이다. 하지만 관료제의 속성으로 이 몰인정성이 나온 데는 그만한 이유가 있다. 예를 들어, 자기가 좋아하는 시민이 오면 긍정적으로 일처리를 해주고, 자기가 싫어하는 유형의 시민이 오면 부정적으로 일처리를 해주면 안 된다. 취향이나 좋고 싫음과 관계없이 공무원은 공무를 집행해야 하는 것이다.

이러한 몰인정성이 행정의 안정성을 가져온다. 어떤 면에서 행정이라는 것은 반혁신적이어야 한다. 정부에서도 혁신을 부르짖는데 반혁신이라고 하면 무언가 잘못된 느낌을 준다. 하지만 혁신이 기존의 문법을 부수는 의미라면 행정은 분명히 반혁신적이어야 한다. 세상은 다양한 요인으로 가득 차 있고 변화는 가속화되고 있다. 행정은 이러한 가변적인 세상에 질서를 부여하는 것이다. 인위적으로 규율을 만들고 그에 맞지 않으면 거절할 수도 있어야 한다. 그래야 국정이 운영된다. 이에 따라서 시민들도 그에 맞는 준비를 할 수 있다. 공평성도 높아진다. 기대 가능성도 높아진다. 혁신을 한다고 정부에서 갑자기 안 하던 일을 한다면 행정의 연속성이 떨어진다. 행정은 주식시장이 아니기에 기본적으로 안정성을 유지해야 하고 변화가 필요하다면 상당한 시일을 두고 천천히 변해야 한다.

과연 친절이 만능인가?

신공공관리(New Public Management)에 의해서 공무원들은 마치 사기업의 직원처럼 행동하게 되었다. 예전의 관공서는 권위의 원천이었다. 공무원이 무뚝뚝하게 시민을 대하는 것은 물론이거니와 뇌물을 공공연하게 요구하고 시민들을 윽박지르고 괴롭혔다. 하지만 세상은 바뀌었다. 특히 우리나라에서 관공서의 분위기가 크게 바뀐 것은 1995년 시작된 지방자치단체장 선거부터이다. 그전까지만 해도 도지사, 시장, 구청장 같은 사람은 중앙정부에서 임명했다. 그러한 상황에서 기관장은 시민들을 보고 일하기보다는 임면권자를 보고 일하게 된다. 하지만 시민들의 선거로 뽑힌 기관장은 시민들의 목소리에 더 귀를 기울이게 된다.

신공공관리 이론에 따르면 반응성이 중요하다. 문제는 모든 공무원이 사기업의 직원처럼 행동할 수 없다는 것이다. 예를 들어, 경찰관이 범인에게 친절할 필요가 있는가? 마찬가지로 영화에 나오는 것처럼 국세청 직원이 이른바 고객인 에블린의 사정을 모두 맞춰줄 필요가 있는가? 오히려 어느 정도 강압적인 태도로 나가야 탈세를 막을 수 있다. 물론 영화의 주인공이 에블린이기 때문에 그에게 이입한 관객들의 눈에는 국세청 직원이 얄밉게 보이겠지만 공무원으로서 깐깐하게 행동하는 자세는 칭찬받아야 한다.

특히 정치인인 지방자치단체장은 선거에 영향을 받을 수 있으므로 시민의 과도한 요구도 들어주려고 한다. 그러나 부당한 요구는 공무원의 업무

행태를 위축시킬 수 있다.

그럼에도 불구하고

영화 속 세무공무원이 얄미워 보여도 그 자신은 자부심이 대단하다. 이러한 세무공무원의 자세를 조직 몰입의 개념으로 파악할 수 있다. 조직 몰입은 근로자가 조직에 얼마나 애착 혹은 충성심을 보이는지이다. 이 조직 몰입은 세 가지로 파악해볼 수 있다.[4] 우선 감정적 몰입은 감정적으로 조직에 동일시하는 마음이 있어 보이는 충성심이다. 다른 하나는 규범적 몰입으로, 응당 근무해야 한다는 책무에서 비롯된 몰입이다. 마지막으로 계속적 몰입은 다른 곳에 갈 수 없어서 보이는 충성심을 말한다.

영화에서 세무공무원의 경우에는 감정적인 몰입을 하는 것으로 보인다. 정말 국세청에 대한 자부심이 가득하다. 그리고 직업윤리가 확고하게 갖추어져 있어 규범적으로도 몰입한 것으로 보인다. 어쩔 수 없이 세무공무원을 하는 것은 아닌 듯한 것으로 보아 계속적 몰입은 파악하기 어렵다. 이렇게 감정적으로 규범적으로도 몰입된 공무원은 겉으로는 딱딱해 보이더라도 조직 효과성에 큰 도움을 준다. 이러한 세무공무원이야말로 시민들이 잘 지켜야 할 소중한 인적 자원이 아닌가 싶다.

---

4   Meyer, J.P. & Allen, N.J., *Commitment in the workplace*, CA: Sage, 1997.

정부는 누구를 위해 존재하는가?

나, 다니엘 블레이크

    가끔 정부가 왜 존재하는지 의문일 때가 있다. 시민을 위한 정부가 오히려 시민을 괴롭히기도 한다. 영국 영화 〈나, 다니엘 블레이크(I, Daniel Blake)〉는 관료제에 대한 여러 시사점을 던져준다. 영화의 주인공은 평생을 목수로 살아온 다니엘이다. 그는 심장질환으로 인하여 일을 그만두게 되었다. 일을 그만두어 생계를 꾸리기 어려워진 그는 정부의 복지 급여를 신청하려고 한다. 하지만 관청에서는 다니엘의 신청을 반려하고 이에 대해 다니엘은 이의를 제기한다. 그러나 여러 가지 관료주의의 벽에 부딪쳐 그의 노력은 좌절되고 만다.

디지털의 문앞에서

    이 영화에서는 여러 웃픈 장면들이 나온다. 그중 하나는 다니엘이 온라인으로 서류를 접수하는 장면이다. 다니엘은 평생 제대로 컴퓨터를 써보지 못한 사람이다. 그래서 그가 온라인 신청서를 작성하려고 마우스를 모니터에 가져다 대는 장면은 웃음을 유발하지만 어떻게 보면 슬픈 장면이다. 사실 다니엘 나이에는 컴퓨터를 모르고 살 수 있었다. 그가 목수로서 열심히 일하는 동안 세상은 많이 변했다. 예전에는 종이로 신청서를 냈는데 이제 온라인으로 제출해야 한다. 물론 어릴 적부터 컴퓨터 교육을 받은 1980년대 이후 출생자들에게는 온라인으로 서류를 제출하는 것이 문제가 되지 않지만 컴퓨터에 익숙하지 못한 1960년대 이전 출생자들에게는 고역이 아닐 수 없다. 이런 사람들에게는 행정 서비스의 혜택이 제대로 돌아가지 못할 수 있다. 누군가에게는 상당히 편리한 온라인 서비스이지만 누군가에게는 장벽이 된다. 이런 상황은 디지털 디바이드(Digital divide)가 사회적인 문제임을 보여준다.

디지털 디바이드는 디지털 기술로 인한 격차가 생겼다는 것을 뜻한다. 디지털 디바이드와 관련된 문제는 다양하다. 예를 들어, "누가 디지털 미디어를 소유하는가?" "누가 디지털 미디어를 원하는가?" "누가 디지털 기량을 보유하였는가?" "디지털 기기 이용의 다양성은 어떠한가?" "디지털 기기를 이용하지 않을 때 생기는 불이익은 무엇인가?" 등의 질문과 관련되어 있다.[1] 영화에서 다니엘이 겪는 여러 어려움은 디지털 기기를 이용하지 않을 때 겪는 불편함과 그에 따르는 불이익을 해학적으로 보여주고 있다.

21세기 들어 급격하게 디지털 기술이 발전하면서 일상생활에서도 인터넷을 비롯한 여러 디지털 기술에 기반한 도구를 이용하지 못했을 때 경쟁에서 뒤처지게 되었다. 이러한 이유로 사회적인 불평등이 증가할 수 있다. 그래서 디지털 디바이드의 간극을 메우고자 정부에서는 다방면으로 노력하고 있다. 예를 들면, 어르신들을 위한 컴퓨터 교육이라든지 스마트폰 교육을 소정의 비용이나 무료로 제공하고 있다. 이러한 노력은 어르신들이 컴퓨터

---

1   얀 반 다이크, 『디지털 디바이드』, 심재웅 역, 유재, 2022.

를 조금이나마 원활하게 쓸 수 있게 일조한다. 하지만 이것도 빈부의 격차로 차이가 있을 수 있다. 디지털 교육을 받을 정도로 여유가 있는 사람이라면 어쩌면 이미 배웠을지 모른다. 그런데 기초수급 대상자거나 그에 준하는 사람들에게는 이러한 교육도 사치일 것이다. 이러한 사람들을 위해서는 크게 두 가지 방안이 있다.

첫 번째 방안은 우선 행정 처리를 온, 오프라인으로 이원화하는 것이다. 행정서류의 온라인 처리는 행정 비용을 크게 감소시켰다. 그래서 정부도 적극적으로 이를 받아들였다. 그리고 시간이 지날수록 사람들이 온라인에 익숙해지고 점차 컴퓨터를 쓰지 못하는 인구는 줄어들어 궁극적으로는 모든 행정 사무를 온라인으로 처리하게 될 수도 있다. 하지만 완전히 모든 사람이 디지털 기술에 능숙해지기 전까지는 온라인 접수에 어려움을 겪는 사람이 분명히 있을 수밖에 없다. 이런 분들이 있는 한 반드시 온라인과 오프라인 행정 처리 절차를 나란히 두어 온라인을 잘 모르는 분들은 오프라인으로 일을 처리할 수 있게 해야 한다.

두 번째, 일선에 있는 공무원의 역할을 재검토해야 한다. 많은 행정 과정이 무인화되면서 원래 있었던 일반 행정직원이 할 일은 많이 줄어들었다. 하지만 무인화되었다고 할 일이 없는 것은 아니다. 오히려 다니엘 같은 시민을 돕는 행정직원처럼 따뜻하고 친절하게 응대할 수도 있다. 딱딱한 관료제에 지쳐버린 공무원들조차도 처음에는 충만한 공공 동기를 가지고 일을 시작했을 것이다. 무인화가 기존의 업무를 줄인다면 줄인 만큼의 업무를 시민들의 고민을 들어주는 데 써야 할 것이다.

문제는 비용 절감의 압박으로 인력이 계속해서 감축될 수 있다는 것이다. 그렇게 되면 남아 있는 공무원들은 항상 바쁠 것이다. 그래서 다니엘 같은 디지털 소외층을 돕는 데 소홀해질 수 있다. 기술 발전으로 인하여 얻은 비용 절감을 절감으로만 처리하지 말고, 절감된 비용으로 적어도 당분간이라도 디지털 소외층을 돕는 인력을 고용해야 할 것이다. 사회적 약자를 위한 인력 충원으로 다니엘 같은 시민이 좌절하는 경우를 줄여주어야 한다.

관료제의 숙명

영화에 나오는 공무원들을 보면 답답하다. 하지만 나름대로 변호하자면, 공무원 개인의 성품이 나빠서라기보다는 관료제의 특성 때문에 그렇다. 영화에도 다니엘을 도와주려는 따뜻한 공무원이 나온다. 그러나 도와주지 말라는 상관의 명령으로 더 이상 그를 돕지 못한다. 이는 계서제(Hierarchy)라는 관료제의 특성 때문이다. 계서제란 역할 체제의 일종으로, 상관과 부하의 역할이 위에서 아래로 이어지는 계층에 따라 차례로 배열된다.[2]

정부기관 직원들 사이에는 위계적인 차이가 있고 그에 따른 상하의 복종 관계가 있다. 이러한 관료제의 특징이 뚜렷하게 나타나는 곳이 군대이다. 군대에서는 부하가 상관의 말을 따라야 한다. 그렇지 않으면 명령불복종으로 처벌받을 수 있다. 관료제의 원리에 따라 운영되는 정부기관에서 다니엘을 돕지 말라는 명령이 떨어지면 아무리 친절한 공무원이라도 그 지시를 따라야 한다.[3] 이는 관료제의 규정과 절차를 지키려는 특성 때문이기도 하다.

---

2 오석홍, 『조직이론』(7판), 박영사, 2011.
3 물론 이 경우에는 명령이 적법해야 한다. 명령이 위법할 경우에는 명령을 따르지 않아도 된다.

자신에게 배정되지 않은 사람을 돕지 말라는 규정이 있으면 공무원은 무조건 이에 따라야 한다. 물론 정부기관에서도 예전과 달리 공무원의 재량이 많이 늘기는 하였지만 아직도 규정에 따라야 한다. 사실 이 규정과 절차도 형평성 향상이라는 필요에 의해서 나타난 것이다. 예를 들어 거물급 정치인이 왔다고 다른 사람보다 특혜를 주어서 먼저 서비스를 받게 하는 것은 형평성이 어긋나는 일이다. 그렇기 때문에 누가 와도 규정에 따라서 대응해야 한다는 규정이 생긴 것이고 공무원은 이에 따라야 한다.

한편, 다니엘은 구직 활동을 했는데 제대로 보조금을 받지 못한다. 취업 활동을 했다는 증거가 없다는 것이 그 이유다. 이는 관료제의 문서주의(Documentation) 특성 때문이다. 관료제가 돌아가는 기반은 문서로 된 증거이다. 융통성 없어 보이지만, 나름대로 이유가 있다. 예를 들어, 어느 사람이 실업 급여를 받으러 왔다고 하자. 그러면 공무원은 실업자냐고 물어볼 것이고, 실업 급여 신청자는 그렇다고 대답할 것이다. 그런데 제대로 된 증빙자료가 없으면 진짜 실업자인지 아닌지 구분할 도리가 없다. 다니엘의 보조금 문제도 비슷하다. 실업 급여 정책은 열심히 노력하는 사람에게 보조금 혜택을 주기 위해 만들어졌다. 그래서 실업 급여 수급자는 구직 활동을 해야 한다. 그런데 문서 증거가 없으면 이 사람이 정말로 구직 활동을 했는지 집에서 잠을 잤는지 알 수가 없다. 그렇기 때문에 문서를 요구하는 것이다. 공무원이 악의를 가지고 다니엘을 괴롭히려고 그러는 것은 아니다.

이유 있는 관료제의 병폐

효율성을 증진시키기 위해서 정착된 관료제가 의도치 않은 문제를 야기하기도 한다. 예를 들면 동조과잉(Over conformity), 목표전치(Displacement of goals and means), 관료적 형식주의(Red tape), 무사안일, 변화에 대한 저항이 관료제의 병폐들이다. 특히 이 영화에서는 목표전치가 나타나 마음이 아프다. 원래 정부가 존재하는 이유 중 하나는 어려운 시민을 돕기 위함이다. 그런데 공무원이 각종 규율에 집착하다가 돕지 못하는 사태가 벌어지는 것이다. 공무원으로 오랫동안 일을 하다 보면 규칙의 내면화 현상이 일어난다. 물론 규칙을 지키는 것은 중요하다. 그런데 규칙을 너무 중요시해서 원래 규칙이 왜 있게 되었는지를 잊는 단계까지 가면 문제가 발생한다.

규칙에 집착하는 이유 중 하나는 책임을 회피하기 위함이다. 공무원으로 일하다 보면 생각지도 못한 시민들을 만나게 된다. 공무원이 선의로 도와주었는데 의도하지 않은 결과가 발생하면 시민은 공무원을 지탄하고 공무원은 골머리를 앓는다. 차라리 공무원이 규칙을 엄격히 지키면 시민이 불편을 겪더라도 공무원 본인은 불편할 일이 줄어든다. 때로는 규칙이 공무원의 소중한 방패가 되기도 한다. 규칙이라도 없다면 시민들이 공무원에게 들이대는 요구는 끝이 없을 것이다.

인건비 절감의 악순환

공무원을 괴롭히는 여러 가지 상황 중 하나는 감축 행정 정책(Cutback management)이다. 정부는 기본적으로 독점 체계를 유지한다. 그래서 경쟁이 없다. 반면 시장에는 치열한 경쟁이 있다. 문제가 있으면 조속히 해결하여 고객을 만족시키지 않으면 시장에서 도태되기 십상이다. 하지만 정부가 파산하는 일은 매우 드물다. 예를 들어 어떠한 시(市)가 방만 경영과 낮은 행정 서비스를 제공한다고 해서 망하지 않는다. 왜냐하면 시 정부는 그 도시의 서비스를 독점하고 있기 때문이다. 이렇기 때문에 시민들은 울며 겨자 먹기로 질 낮은 행정 서비스를 이용해야 한다. 시민들을 더 화나게 하는 것은 하는 일 없이 놀고 있는 공무원이다. 한가하게 놀면서 월급을 받아 가는 공무원이 소수이지만 분명히 있다. 이를 목격한 시민은 꼬박꼬박 세금을 내는 것에 분노하기도 한다. 이러한 상황에서 정치인은 감축 경영을 외치고 정부 부문에도 시장원리를 도입하기 시작한다. 이 결과로 예전처럼 예산을 헛되이 쓸 수 없게 된다. 여기까지만 들으면 좋은 일 같다. 하지만 때때로 지나치게 긴축 경영을 하여 인력난에 시달리기도 한다. 영화에서도 다니엘이 옆에 있는 시민에게 도움을 요청하는데 만약 공무원의 수가 많았더라면 도와줄 사람이 있었을 것이다. 영화 속 공무원들은 다들 빡빡하게 일하고 있는데 그 이유 중 하나가 충분한 인력이 없어서 일 것이다.

영국은 공공 부문에 시장 논리를 받아들이는 신공공관리를 적극적으로 받아들인 나라이다. 덕분에 비효율적인 부분을 개선할 수도 있었다. 하지만 앞서 언급한 감축 경영으로 인한 인력난으로 행정 서비스가 저하될 수 있다. 이러한 상황에서 시민은 다니엘처럼 분노하게 된다. 혹자는 행정 서비스 향상을 위해 정부를 민영화시키라고 주장할 수도 있다. 민영화가 듣기는 좋아 보이는데 부작용도 많다. 공공기관의 운영원리 중 하나는 공공성이다. 정부는 시민의 재산 여부와 관계없이 공평하게 공공 서비스를 제공해야 한다. 그런데 민영화로 행정 서비스가 사영화된다면 돈이 없는 사람들은 더 어려운 처지에 처할 수 있다. 그렇기 때문에 무작정 민영화를 외칠 것만은 아니다.

진정한 공무원이 되기 위해

리빙

지금도 어딘가에서는 공무원이 사회가 잘 운영될 수 있도록 노력하고 있다. 그럼에도 일부 공무원은 시간만 때우고 시민의 편의보다는 자신의 편의를 위해 행동하여 눈살을 찌푸리게 한다. 영화 〈리빙(*Living*)〉은 진정한 공무원의 자세에 대해서 묻게 한다.

죽음이 일깨워준 본연의 모습

때는 1950년대 영국, 로드니 윌리엄스(Rodney Williams)는 오랫동안 런던 시청에서 근무한 직원이다. 그런데 안타깝게도 불치의 병에 걸렸다는 사실을 알게 된 후, 그의 행동은 급격하게 변한다. 평생 지각 한번 하지 않고 근면성실하던 그가 출근하지 않고 이상 행동을 하게 된다. 가장 큰 변화는 시민의 목소리에 답하기 위해 진심을 다해 노력하기 시작했다는 점이다. 예를 들어, 놀이터를 만들어달라는 시민들의 요구를 장기간 묵살하고 있었는데 전력을 다해 성사시킨다. 그리고 로드니는 세상을 떠난다.

공무원을 짓누르는 조직의 공기

공무원이라고 하면 딱딱하다는 이미지가 있고 실제로 완전히 부인하기는 어렵다. 아무리 생기 있는 사람이 들어와도 기존의 조직문화가 그 생기를 질식시키기도 한다. 영화에서도 마거릿 해리스(Margaret Harris)라는 직원이 활기차게 일하려고 노력해보지만 주위 사람들의 반응은 대개 목석 같다.

조직문화는 조직을 구성하는 사람들이 공유하는 생활양식 내지 행동양식의 총체이다.[1] 사람 사는 곳이라면 어디에든 문화가 있다. 물론 문화는 시간에 따라 변하지만 변하기 전까지는 그 문화가 규범이라고 정해둔 행동을 따라하곤 한다. 예를 들어, 우리나라에서는 목례를 하는 것이 문화이지만 미국에서는 손을 들어 인사하는 것이 자연스러운 문화이다. 사회 전반적인 문화도 있지만 회사 문화도 있다. 예를 들어, 우리나라에서는 직장에서 아무리 손아래 사람이라고 해도 "윤수 씨"라고 하지 "윤수야"라고 하지는 않는다. 그리고 부하직원이 상사의 이름을 부르는 일은 한국에서 몹시 예의 없는 행동으로 간주된다. 반면에 미국에서는 성을 빼고 이름을 부르는 것이 더 자연스러운 문화로 정착되어 있다.

국가가 어디냐뿐만 아니라 같은 나라 안에서도 기업의 종류에 따라 문화가 많이 다르다. 예를 들어, 벤처기업과 정부기관의 조직문화는 판이하게 다르다. 벤처기업에서는 정장을 잘 입지 않는 것은 물론이거니와 간혹 반바지를 입고 출근하는 직원도 있다. 하지만 정부기관 직원이 티셔츠 차림으로 출근했다가는 주위로부터 면박당하기 십상이다. 그래서 보수적인 문화를

---

1   오석홍, 『조직이론』(7판), 박영사, 2011.

가진 나라의 보수적인 조직문화를 가진 조직에서 일한다면 아무리 재기발
랄한 인재도 차분하게 순응하게 된다.

행정부담

영화에서는 제2차 세계대전 후 폐허가 된 곳에 아이들 놀이터를 만들기
위해 애쓰는 시민들이 나온다. 하지만 놀이터 건립은 번번이 실패한다. 런
던시 공무원이 겉으로는 협조하는 척하고 실제로는 일을 돌리면서 무마하
기 때문이다.

정부는 국민을 위해 존재한다. 적어도 겉으로는 그렇다고 말한다. 그런데
실상 그렇지 않은 경우가 있다. 정부에 무엇인가를 요구하는 시민들을 힘빠
지게 하는 여러 요인이 있겠지만 그중 하나는 복잡한 절차다. 각종 절차를
만들어놓고 실제로는 시민들이 요청하는 바를 얻어내지 못하게 하는 방식
으로 나타난다. 이는 행정부담으로 해석될 수 있다.

행정부담은 영화 속에만 존재하는 게 아니다. 현실에서 어렵지 않게 찾을
수 있다. 관공서에 가서 행정 서비스를 신청하면서 각종 서식을 작성하느라
애를 먹은 경험이 있다면 어느 정도 행정부담을 느껴본 것이다. 행정부담은
행정 업무를 처리하는 데 들어가는 비용과 관련이 있다.

행정부담에는 세 가지 종류가 있다.[2] 우선 학습 비용(Learning cost)이다. 행정

---

2   Moynihan, D., Herd, P. & Harvey, H., "Administrative burden: Learning, psychological,
     and compliance costs in citizen-state interactions", *Journal of Public Administration Research
     and Theory*, 25(1), 2015, pp.43~69.

서비스를 받기 위해서 알아야 할 자격 조건, 행정 절차를 인지해야 할 때 들어가는 수고가 학습 비용이다. 정부에서는 다채로운 정책을 실행하고 있다. 그 정책들이 누구를 지향하는지 공익광고 형태로 알리기도 한다. 하지만 누구에게나 다 적용되는 것은 아니다. 가끔 자신이 해당되는 줄 알고 복지센터에 갔다가 자격 조건이 되지 않아 발걸음을 돌리는 이들도 있다. 제대로 행정 서비스를 받기 위해서는 어떠한 행정 서비스가 있는지 누구에게 해당되는지 알아보아야 하고, 여기에 노력이 필요하다. 이 정보가 복잡할수록 학습 비용이 늘어난다. 영화에서 예로 들면 놀이터를 만들기 위해서 어느 부처에서 관련 업무를 담당하는지 알아보아야 하고 누가 신청할 수 있는지 알아보아야 한다. 이 모든 것에 직접적인 금전적인 비용은 들지 않더라도 이해하려는 노력을 해야 하는데 이를 비용으로 볼 수 있다.

두 번째는 순응 비용(Compliance cost)이다. 일단 무슨 행정 서비스가 있는지 알았다고 치자. 그리고 자격 조건이 되었다고 가정하자. 이제 행정 서비스를 받기 위해서 지원해야 한다. 정부가 직접적이고 적극적으로 시민에게 와서 행정 서비스를 제공하는 경우는 드물다. 대부분, 시민이 지원을 해야 행정 서비스를 제공한다. 이를 위해서는 일단 자격 조건에 맞는지 증빙 서류를 제출해야 한다. 예를 들어 기초수급자로서 복지 혜택을 받기 위해서는 가난을 증명해야 한다. 이 절차가 없으면 형편이 넉넉한 시민들도 복지 혜택을 달라고 요구할 수 있다. 또 다른 예를 들어, 여권을 발급받으려면 사진을 가지고 구청에 가야 한다. 이때 드는 모든 비용이 순응 비용이다.

마지막으로 심리적 비용(Psychological cost)이 있다. 위의 언급한 학습 과정과 순응 과정을 거치다 보면 지치게 된다. 때때로 불친절한 공무원이라도 만나면 좌절감은 더욱더 깊어진다. 게다가 복지 혜택을 받는 기초수급자(혹은 그 외 사회적 약자)들은 관공서에 가서 행정 서비스를 받을 때 당당하지 못하고 움츠러들기도 한다. 구체적인 예로 부모가 없는 청소년이 홀로 구청에 가서 복지 바우처라도 신청하려고 하면 가기도 전에 스트레스를 받을 것이다. 이 모든 스트레스가 심리적 비용이다. 영화에서 놀이터를 만들려고 각고의 노력을 하는 사람들은 행정의 벽에 부딪혀 번번이 좌절하고 만다. 이럴 때마다 심리적 비용이 커진다.

적극행정

우리 정부에서는 행정부담을 줄이고 공무원이 일을 미루는 상황을 줄이기 위해서 적극행정 정책을 시행하였다. 공무원이 적극행정을 추진했다면 그의 행위에 고의 또는 중대한 과실이 없는 경우에는 징계 또는 문책 요구 등의 책임을 묻지 않는다고 되어 있다.[3] 대통령령으로 마련한 적극행정 운영 규정에 따르면 적극행정이란 "공무원이 불합리한 규제를 개선하는 등 공공의 이익을 위하여 창의성과 전문성을 바탕으로 적극적으로 업무를 처리하는 행위"라고 정의된다. 반면에 소극행정이란 공무원이 부작위 또는 직무 태만 등 소극적 업무 행태로 국민의 권익을 침해하거나 국가 재정상 손실을 발생하게 하는 행위를 말한다.

문제는 공무원은 굳이 일을 벌일 필요가 없다는 것이다. 이는 무사안일과 결을 같이한다. 무사안일이야말로 공무원의 소극적인 근무 태도를 일컫는

---

3   김판석 · 최무현 · 한유성, 『인사행정론』(개정판), 법문사, 2023.

것이다.[4] 공무원의 무사안일은 대체로 동서고금을 넘나드는 행태이다. 굳이 변호하자면 공무원이 적극적으로 일할 동기가 별로 없기 때문이다. 우선 기본적으로 정부의 조직문화는 경직적이다. 워낙 법과 규칙에 의해서 운영되는 기관이라 적극적으로 무엇인가 해결하기보다는 수동적으로 문제를 처리한다. 괜히 적극적으로 나섰다가 책임만 지는 경우가 있을 수 있다. 또한 일을 많이 해보았자 돈을 더 주는 것도 아니다. 영화에서도 놀이터를 만드는 일을 계속 타 부처에 전가시킨다. 공무원 입장에서는 괜히 담당해보았자 일거리만 늘어나지 공무원 개인에게 돌아오는 혜택은 거의 없기 때문이다.

돈으로 해결될까?

적극행정을 도모하기 위해서 성과급을 제시하는 것은 어떨까? 사기업에서는 보너스를 주어서 사원의 동기를 고양시키고 성과를 증강시키기도 한다. 예를 들어, 자동차 판매 대수에 비례하여 성과급을 받는 구조라면 누가 시키지 않더라도 차를 판매하는 데 혈안이 된다. 적극행정에도 성과급을 도입하면 어떻게 될까? 아마 공무원들도 소매를 걷어붙이고 적극적으로 일하게 될 수도 있다.

문제는 그 성과를 어떻게 측정하느냐에 있다. 자동차 판매는 결과가 아주 명확하고 책임 소재도 깔끔하다. 하지만 공무원의 일은 결과에 대한 치적을 구분하는 것이 매우 어렵다. 영화로 돌아가서, 어린이 놀이터를 만드는 것이 결과라고 하자. 그렇다면 놀이터 건설이라는 성과의 공은 어떻게 평가될

4   이윤수, 「무사안일이 정부신뢰에 미치는 영향」, 『정부와 정책』 6(1), 2013, 29~47쪽.

수 있을까? 놀이터를 허가해준 공무원이 공을 독식하게 될까? 그렇다면 서로 다투어 공공기물 건설을 허가해주려고 노력할 것이다. 그리고 성과를 얻겠다고 제대로 조사를 하지도 않고 허가를 남발하게 될 수도 있다.

조직도 사람이 사는 곳이다

공무원의 업무는 사람에 따라 나누어져 있다. 그런데 간혹 담당 직원에게 사정이 생겨 다른 직원이 그 일을 맡아야 할 때가 종종 있다. 영화에서도 결근한 주인공의 빈자리를 동료가 대신 메꾸는 장면이 나온다. 이러한 상황은 조직시민행동(Organizational citizenship behavior)을 통해서 설명할 수 있다.[5]

조직 생활을 하다 보면 자기에게 맡겨진 일만 하는 것이 아니라 동료나 회사 전체를 위해서 시키지도 않았는데 특별한 보상 없이 일을 더 하는 경우가 더러 있다. 어느 곳에 일하게 될 때 우리는 근로계약서를 쓴다. 근로계약서에는 근무 내용이 적혀 있다. 엄밀히 따지고 보면 근로자는 근로계약서에 있는 일만 하면 된다. 하지만 정부기관처럼 정밀하게 업무가 나뉘어 있지 않고 협업을 통해 일을 진행시켜야 하는 조직도 있다. 때로 동료가 결근하면 업무를 대신해주는 것을 개인 지향적 조직시민행동이라고 한다. 또 누가 시키지도 않았는데도 자신이 속한 조직을 위해서 더 일을 하는 것을 조직 지향적 조직시민행동이라고 한다.

물론 우리나라와 같이 집단주의 문화가 팽배해 있는 사회에서는 조직시

---

5   Organ, D.W. & Ryan, K., "A meta-analytic review of attitudinal and dispositional predictors of organizational citizenship behavior", *Personnel Psychology*, 48(4), 1995, pp.775~802.

민행동이라는 것이 놀라운 일이 아니다. 하지만 개인주의 문화가 주류인 사회에서 조직시민행동은 조직 유효성을 증가시키는 윤활유 같은 존재이다. 가끔 어쩔 수 없이(문화적인 이유로) 도와주는 상황과 마음속으로부터 나온 선의에서 도와주는 상황의 차이가 있는지 궁금하기도 하다. 아마도 결과는 같을지언정 회사 분위기는 꽤나 다를 것이다.

우중충한 정부의 흔적

트레이닝 데이

부패는 인류가 조직을 만들기 시작했을 때부터 있었던 오래된 현상이다. 그래서인지 부패를 다룬 영화도 수없이 많다. 덴젤 워싱턴(Denzel Washinton)과 에단 호크(Ethan Hawke)가 출연한 〈트레이닝 데이(*Training Day*)〉도 부패를 다룬 수작이다. 주로 선한 주인공 역할을 해온 덴젤 워싱턴이 악역을 맡아 눈길을 끌었을 뿐만 아니라 이 영화로 아카데미 남우주연상을 받았다. 줄거리는 부패 행위를 저지르는 고참 형사 알론조 해리스(Alonzo Harris)가 부패를 견디지 못한 신참 형사 제이크 호잇(Jake Hoyt)으로 인해 죽는다는 것이다.

부패가 무엇인지는 누구나 안다. 하지만 부패가 무엇인가 말하려고 하면 생각보다 어렵다. 그래서 부패가 무엇인지 알아볼 필요가 있다. 그리고 부패가 왜 일어나는지 파악해야 한다. 또한 어떻게 하면 부패를 척결할 수 있는지 살펴보기로 하자.

부패란 무엇인가?

부패는 "공직의 힘을 이용해서 사적인 이익을 취하는 불법적 행동"을 말한다. 이렇게 개념적으로는 명확해 보이지만 현실적으로 부패 행위는 다양하게 나타난다. 공공기관이나 정부도 워낙 다양한 일을 하기 때문에 업무의 특성이나 부처의 특성에 따라서 부패도 다양하게 나타날 수 있다. 〈트레이닝 데이〉가 경찰에 대한 이야기이니 경찰의 부패를 말하자면, "경찰공무원이 자신의 사적인 이익을 위해, 또는 특정 타인의 이익을 도모하기 위해 경찰력을 의도적으로 오용하는 것"이다.[1]

법률에서는 부패를 어떻게 정의할까. 국가공무원법 61조에 따르면 공무원은 직무와 관련하여 직접 또는 간접을 불문하고 사례, 증여 또는 향응을 수수할 수 없다. 우리나라 '부패방지 및 국민권익위원회의 설치와 운영에 관한 법률'에서는 부패 행위를 "공직자가 직무와 관련하여 그 지위 또는 권한을 남용하거나 법령을 위반하여 자기 또는 제3자의 이익을 도모하는 행위"나 "공공기관의 예산 사용, 공공기관 재산의 취득·관리·처분 또는 공공기관을 당사자로 하는 계약의 체결 및 그 이행에 있어서 법령에 위반하여 공공기관에 대하여 재산상 손해를 가하는 행위" 혹은 "위의 두 항목에 따른 행위나 그 은폐를 강요, 권고, 제의, 유인하는 행위"로 보고 있다.

예를 들면, 직무 관련자와 연관된 모임에서 선물이나 증정품을 받는다든지, 직무 관련자로부터 식사나 오락을 제공받는다든지, 업무 처리 대가로 모종의 보상을 받는 것 등이 흔히 생각하는 부패의 사례이다. 정부 조직 내부에서도 시민과 관계없이 부패 행위가 일어날 수 있다. 예를 들어 실적을 허위로 조작하는 행위, 예산을 부정 사용하는 것도 부패 행위에 해당한다.

---

1   이황우·남형수, 「각국의 경찰부패통제제도에 관한 비교 연구」, 『사회과학연구』 15(1), 2008, 73~108쪽.

세계 어느 정부나 부패를 척결하자고 한다. 심지어 부패한 정치인조차 부패를 없애자고 주장한다. 그렇다면 부패가 얼마나 심한지를 어떻게 알 수 있을까. 매년 비영리단체인 국제투명성기구(Transparency International)에서는 부패인식지수(Corruption Perception Index)를 발표한다. 명칭에서 알 수 있듯이 각종 조사에서 부패에 대한 서베이를 추합하여 계산한다.[2] 2024년 기준으로 우리나라는 180개국 중에서 30위를 차지하여 나름 상위권에 위치하였다(반면에 북한은 최하위권인 170위에 위치하였다).

부패의 이유

부패가 있다는 것은 누구나 알고 있다. 그렇다면 왜 부패가 존재하는지 알아볼 필요가 있다. 드 그라프(De Graaf)는 부패가 생기는 이유를 몇 가지 이론으로 요약했다.[3]

우선 공공 선택 이론(Public choice theory)의 관점에 따르면, 부패는 스스로 효용 극대화를 추구하는 합리적 선택자인 공무원이 위험 기대치보다 이익 기대치가 높을 때 추구하는 일종의 지대 추구 행위(Rent-seeking behavior)라고 볼 수 있다. 이에 따르면 불법행위를 해서 얻는 이득이 그렇지 않을 때보다 클 때 부패가 일어난다. 가령 부정한 행동으로 공무원이 얻을 수 있는 이득이

---

2 부패인식지수에 포함된 지수의 예로는 세계경제포럼(World Economic Forum) 기업인 설문조사, 세계은행(World Bank) 국가정책, 기관평가 전문가 설문조사 등 13개 자료가 있다.

3 De Graaf, G., "Causes of corruption: Towards a contextual theory of corruption", *Public Organization Quarterly*, 31(1~2), 2007, pp.39~85.

10억 원인데 부정한 행동이 적발되었을 때 손실이 10원이라면 부정부패가 만연할 것이다. 특히 손실을 계산할 때는 부정한 행위가 적발될 확률도 고려된다.

둘째, 나쁜 사과 이론(Bad apple theory)에 따르면, 사람들 중에는 개별적으로 나쁜 인간성을 가진 자가 있고 이들이 스스로의 이익을 추구하는 행위가 부패라는 것이다. 아예 애당초 성품이 나쁜 사람이 있다는 것이다. 이 이론에 따르면 〈트레이닝 데이〉의 알론조가 부패하는 이유는 애당초 알론조 본인의 성품이 나쁘기 때문이다.

셋째, 조직문화 이론(Organizational culture theory)에 따르면 부패는 개인의 문제라기보다는 조직의 특정 문화에 의해 유발될 수 있다는 맥락적 개념이다. 조직문화는 보이지는 않지만 사람의 행동을 바꿀 힘이 있다. 아무리 개혁적인 성향의 개인이 들어온다고 해도 기존의 조직이 돌아가는 규범을 바꾸기는 몹시 어렵다. 〈트레이닝 데이〉에서는 원래 조직에 있던 알론조라는 개인이 신참인 제이크를 나쁜 쪽으로 물들이려고 한다. 만약에 조직의 다수가 부패에 물들어 있다면 새로 들어온 사람은 절대적인 권력을 가지지 않는 한 이를 고치기 어렵다. 뿐만 아니라 시간이 지날수록 자신도 부패의 길로 들어설 수 있다. 이와 관련해서 〈트레이닝 데이〉에서는 흥미로운 대사가 나온다. 알론조가 제이크를 부패의 길로 유혹하면서 다음과 같이 말한다.

"너 쫄았구나. 알아. 나도 그랬어. 다들, 제이크, 누가 널 믿으려면 너에게 오점이 있어야 해. 이거 넘어가면, 새로운 세상이 열리는 거야."

알론조는 제이크에게 더러운 세계에 발을 들이면 삶이 편해진다고 말하는 것이다. 그 더러운 세계는 기존 조직의 문화가 어떻게 구축되어 있느냐에 따라서 달라질 것이다.

여기서는 조직 내 문화를 살펴봤지만, 조금 넓게 보아서 사회적인 문화도 영향을 줄 수 있다. 예를 들어, 연고 관계에 의한 협력이 가능하다는 사회 분위기가 저변에 있다면 부패는 쉽게 일어날 것이다. 온갖 연줄(지연, 학연, 혈연)을 동원해서 청탁을 하면 공무원들도 쉽게 거절하지 못하는 분위기가 만들어지는 것이다. 그리고 청탁을 거절하는 사람을 예의 없다고 매도하는 분위기만큼이나 부패가 퍼져 있다고 볼 수 있다.

부패 박멸의 길 : 불가능에 도전하다

부패가 오래된 문제인 만큼, 장구한 세월에 걸쳐서 사람들은 부패를 근절하기 위해 노력했다. 하지만 완전히 박멸된 곳은 단 한 곳도 없다. 다만 선진국의 사례를 생각해본다면 부패가 큰 뉴스거리가 될 정도로 일탈 행위라는 사회적 인식을 만들 수는 있을 것이다. 그동안 부패를 감소시키기 위해서 어떠한 방법이 있었는지를 보도록 하겠다.

우선 문제가 생기면 기관 내에서 자체적으로 해결하는 것이다. 영화에서도 경찰의 비위 문제가 터졌을 때 내부 감찰국(내사과) 사람이 나온다. 가장 이상적인 문제 해결 방식은 자체적으로 문제점을 발견하고 해결하는 것이다. 하지만 같은 조직 내에서 문제를 해결하다 보니 봐주기 행태가 나오고, 그래서 문제를 해결하기보다는 덮는 것으로 끝내기도 한다.

그래서 경찰 옴부즈맨과 같은 외부 인사가 내부를 살펴보게 하기도 하고, 혹은 시민들이 체계적으로 감시할 수 있도록 경찰 운영 과정을 투명하게 만들기도 한다. 기본적으로 수사 정보는 기밀이지만 이 비밀 정보가 전혀 바깥에 알려지지 않는다면 그 안에서 부패가 일어날 수 있다. 그래서 적어도 문제가 생길 경우에는 정보를 열람하고 파악할 수 있도록 하고 책임을 물어야 할 것이다. 하지만 이것만으로도 문제 해결에는 부족하다.

합리적 선택을 강조하는 억제론자에 따르면 처벌의 신속성, 처벌의 확실성, 처벌의 엄격성이 부패를 줄일 것이라고 한다.[4] 강력한 처벌로 유명한 것은 싱가포르다. 부패 방지를 위해서 부패 행위가 발각되었을 경우에 심한 처벌을 가한다. 그러면 부정부패로 얻는 기대이익보다 손해가 커지기 때문에 부패를 저지를 엄두를 내지 못한다. 현행 우리나라 형법 제129조에서는 "공무원 또는 중재인이 그 직무에 관하여 뇌물을 수수, 요구 또는 약속한 때에는 5년 이하의 징역 또는 10년 이하의 자격 정지에 처한다"라고 되어 있다. 수뢰죄를 저질렀을 때 형량을 무조건 100년 이상의 징역으로 고정시킨다면 뇌물을 쉽사리 주거나 받을수 없을 것이다.

이 외에도 부패를 막기 위한 대책은 여러 가지 있다. 행정수반의 강력한 의지, 신분 보장, 행정의 공개, 엄정한 상벌 체제 확립, 윤리교육 강화 등 다양하다.[5] 예를 들어, 경찰 내 윤리교육을 강화한다든지 폐쇄적인 조직문화를 개선하기 위해서 노력하는 것이다. 보수를 올려서 경제적 이유로 부패의 꼬임에 넘어가지 않게 할 수도 있다. 그 어느 것 하나가 문제를 완벽하게 해결하지는 못할 것이다. 다만 여러 방식을 잘 이용한다면 부패를 박멸하지는 못할지라도 크게 감소시킬 수 있을 것이다.

궁극의 해결책은 역시 시민의 힘이다. 우리나라 정부기관에서 전반적인

---

4   박영주, 「경찰의 부패태도에 영향을 미치는 요인에 관한 연구」, 『경찰학연구』 13(1), 2013, 175~201쪽.
5   전수일, 『관료부패론』, 선학사, 1996.

공직자 부패를 주관하는 기관은 국민권익위원회이다.[6] 국민권익위원회에서는 누구든지 부패 행위 사실을 알게 된 때는 국민권익위원회에 신고할 수 있음을 고지하고 신고자를 보호하는 장치를 마련해두었다. 그리고 부패 행위 신고로 인하여 공공기관에 직접적인 수입이 회복되거나 비용이 절감되었을 경우 보상금을 신청할 수 있고 위원회가 포상금을 지급할 수 있다.[7] 물론 부패 행위를 신고하고 보상까지 받기까지의 절차는 까다롭다. 하지만 형식적인 절차를 넘어 실질적으로 보상하는 경우가 늘어난다면 부패 감소에 도움이 될 것이다.

공무원이 뇌물을 요구하기도 하지만, 시민이 자신의 이익을 위해서 의도적으로 공무원에게 뇌물을 주는 경우도 있다. 물론 청렴하고 강직한 공직자라면 일언지하에 거절하겠지만 거절을 못 하는 공무원도 더러 있다. 만약에 애당초 시민들이 뇌물을 권유하지 않는다면 작은 부패는 줄어들 것이다.

문제는 일반 시민들은 어떻게 할 수 없는 거대한 부패이다. 고위공직자가 부패하면 말처럼 쉽게 부패를 근절할 수 없다. 이는 개인의 노력보다는 시스템적으로 공직자의 행위를 보존하고 공개하는 제도를 만들어야 한다. 아무리 고위직이라도 조작할 수 없는 시스템을 갖춘다면 시민들도 정부를 신뢰할 수 있게 될 것이다. 고위공무원범죄수사처가 하나의 방안으로 만들어졌지만 정치 성향과 관계없이 믿음을 얻기 위해서는 객관적 사실을 투명하게 공개하는 방법밖에 없을 것이다.

---

6 국민권익위원회라는 이름만 보면 부패와 직접 관련이 없어 보이지만 이 기관의 영문명이 'Anti-Corruption and Civil Right Committee'로 부패 방지가 주력임을 보여준다. 그리고 부패가 줄어들면 국민의 권익이 증진되는 것은 물론이다.
7 https://www.acrc.go.kr/menu.es?mid=a10101020600

제2부

문제없는 사회는 없다

계층이동, 그것이 문제로다

기생충

제92회 아카데미 작품상, 감독상, 각색상을 받은 〈기생충(*Parasite*)〉은 현재 여러 사회에서 벌어지고 있는 사회갈등을 아주 잘 그려냈다. 이 영화가 가지고 있는 함의가 여러 가지이기 때문에 사회학 원론 수업 교재로 사용해도 될 정도라고 생각한다. 그중 가장 극명하게 드러나는 주제는 사회적 계층 혹은 사회적 지위와 관련된 문제이다. 영화평론가 이동진은 영화 〈기생충〉을 "상승과 하강으로 명징하게 직조해낸 신랄하면서도 처연한 계급 우화"라고 표현했는데 이 영화의 핵심을 잘 꿰뚫은 말이라고 생각한다.

물론 우리나라에는 이제 태생적인 의미에서 신분사회는 없어졌다. 그렇다고 사회계급이나 그에 따른 불평등이 없다고 말할 수 있을까?

사회적 지위, 사회경제적 지위 그리고 사회계층

신분제도가 있었던 조선시대와는 달리 현재 우리는 신분상으로는 평등한 사회에 살고 있다. 하지만 명목상의 평등에 불과하다. 기택의 가족과 박 사장의 가족을 보면 확연히 알 수 있듯이 누구나 사회적 지위가 다르다는 것을 인지하고 있다. 또한 영화에서 수 차례 나오는 박 사장의 "선을 넘는 것을 싫어한다"는 대사는 계층의 차이가 있음을 보여준다.[1]

사회적 지위를 객관적으로 정하는 것은 생각보다는 어렵다. 고급 아파트에 사는 사람은 모두 사회적 지위가 높다고 할 수 있을까? 통장 속의 잔고가 많으면 모두 사회적 지위가 높다고 할 수 있을까? 혹은 좋은 학교를 나온 사람은 모두 사회적 지위가 높다고 할 수 있을까? 사회적 지위는 어떻게 파악될 수 있는지 살펴볼 필요가 있다.

홀링스헤드(August Hollingshead)에 따르면 사회적 지위(Social status)는 네 가지 변수로 파악된다. 교육, 직업, 성, 그리고 결혼 여부가 그것이다.[2] 그런데 우리가 현실에서 사회적 지위가 높다 혹은 낮다고 할 때는 성이나 결혼 여부를 고려하지는 않는다. 물론 사람에 따라서는 남자가 여성에 비해, 혹은 기혼이 비혼에 비해 사회적 지위가 높다고 생각하는 사람이 있을 수도 있겠지만 꼭 그런 것은 아니다. 하지만 교육의 경우에는 확실하게 대학원까지 다닌 사람이 초등학교까지 다닌 사람에 비해서 높은 수준을 보인다고 할 수 있다.

원칙적으로 직업에는 귀천이 없다. 그런데 현실에서는 사회적 지위가 높은 직업이 있다고 생각하는 관념이 있다. 〈기생충〉에 나오는 박 사장처럼 회사를 운영하는 사람이 기택처럼 차를 운전하는 사람보다 지위가 더 높다고 생각하는 것이다. 직업은 시장 위치나 작업 위치로 판별되기도 한다. 시

---

1   김수정, 「영화 미장센을 통해 살펴본 사회계층 간 아비투스 특징 고찰 : 영화 〈기생충〉을 중심으로」, 『애니메이션 연구』 16(2), 2020, 19~37쪽.

2   Hollingshead, "Four Factor Index of Socal Status", *Yale Journal of Sociology*, 8, 2011, pp.21~52.

장 위치는 고용안정성이나 임금 수준, 승진 가능성을 보고, 작업 위치는 자율성 정도나 통제 권한이 얼마나 주어졌는가에 따라 결정된다. 시장 위치와 작업 위치가 직업의 많은 것을 설명하지만 모든 것을 파악하는 것은 아니다. 예를 들어, 의사는 많은 사람들이 선망하는 직업이다. 근본적으로는 사람을 살리는 고귀한 일을 한다. 그리고 전문 의술을 가지고 있기 때문에 금전적인 보상을 많이 받곤 한다. 그러나 모든 의사가 돈을 많이 버는 것은 아니다. 국경없는의사회 같은 구호단체에서 일하는 의사는 강남에 있는 성형외과 의사보다 돈을 벌지 못한다. 그래서 같은 의사라는 직업이라고 해서 같은 처지에 있는 것은 아니다.

학자들은 직업의 계층을 다양하게 나눈다. 예를 들면 1번 계층을 전문직, 관리직, 2번 계층을 기술자 및 준전문가, 기능근로자(고용주), 3번 계층을 기술자 및 준전문가, 기능근로자(자영업자), 4번 계층을 판매 서비스 종사자, 기능근로자(근로자), 5번 계층을 단순노무 및 농업종사자, 6번 계층을 주부, 무직, 학생, 군인 등으로 나누는 식이다.[3] 물론 직업에 귀천이 없다는 점에서 이 구분은 무의미하다. 꼭 무직이라고 해서 전문직인 의사보다 못할 이유는 없다. 다만 전반적으로 1번 계층으로 갈수록 지위가 높아지는 경향이 있다.

또한 생산 수단의 소유 여부, 타인 노동력의 구매 여부, 타인 노동력의 통제 여부, 자신의 노동력 판매 여부를 기준으로 생산 노동자 계급, 프티부르주아 계급, 신중간 계급, 기타로 나누기도 한다.[4] 그리고 전문직, 사무직, 자

---

3 김혜련, 「만성질환 유병과 주관적 건강수준의 사회계층별 차이와 건강행태의 영향」, 『보건사회연구』 25(2), 2005, 3~35쪽.

4 김용철 · 조용호 · 신정섭, 「신자유주의 시대의 한국인의 계급의식 : 사회경제적 요인과 주관적 계층인식이 계급의식에 미치는 영향」, 『OUGHTOPIA』 33(1), 2018,

영업, 숙련노동자, 비숙련노동자로 나누어 사회계층을 보기도 한다.

사회적 지위와 비슷한 개념으로 사회경제적 지위(Socioeconomic status)가 있다. 사회적 지위에서 특히 경제적인 부분에 집중한 것인데 주로 소득, 직업, 교육이 3대 요소로 뽑힌다. 그리고 사회경제적 지위는 사회계층(Social class)이라는 용어와 혼용하기도 한다. 교육, 직업, 경제수준이 역시 중요한 요소이고 사회상위계층이라고 하는 것은 더 많은 사회적 자원을 가지고 있음을 이야기한다.[5] 계층의 사람들은 비슷하게 행동하려고 하고 계층간에는 순위가 있으며 계층간의 이동은 가능하다.[6] 사회계층이 중요한 것은 계층에 따라서 가치관도 달리지고[7] 사회계층이 높을수록 진로적응성도 달라지기 때문이다.[8] 물론 사회계층과 사회경제적 지위는 비슷하지만 약간 다르게 볼 수도 있다. 예를 들어, 사회계층과 달리 사회경제적 지위는 공통된 계층인식을 가지고 있지 않다. 특히 객관적 사회계층과 사회경제적 지위는 일맥상통하지만 주관적 사회계층과는 차이를 보일 수 있다.[9]

　 99~134쪽.
5 　김민지 · 나진경, 「사회 계층과 비도덕적 행동의 관계에서 성별과 수혜자의 조절효과」, 『한국심리학회지 : 사회 및 성격』 35(2), 2021, 75~92쪽.
6 　조인경 · 이은영, 「사회적 지위 불일치 유형에 따른 의복 선택 기준 연구」, 『한국의류학회지』 17(1), 1993, 11~18쪽.
7 　전혜빈 · 박혜경, 「사회 계층에 따른 가치 차이 : 자기 차조 가치 대 문화 참조 가치」. 『한국심리학회지 : 문화 및 가회문제』 24(4), 2018, 563~592쪽.
8 　안진아, 「사회계층 및 학벌에 따른 제약과 괜찮은 일간 관계 : 일 자유의지와 진로적응성의 매개효과」, 『상담학연구』 20(5), 2019, 133~153쪽.
9 　변상우, 「사회계층에 대한 재조명 : 심리학에서 개념화 및 측정을 중심으로」, 『한국심리학회지 : 문화 및 사회문제』 24(1), 2018, 101~130쪽.

중산층은 누구인가?

현실에서 사회계층과 가장 많이 논의되는 단어가 중산층(Middle class)이다. 중산층을 판별하는 기준은 다양하다. 경제적으로는 직업, 소득, 자산을 기준으로 할 수 있고 사회 문화적으로는 교육수준이나 문화를 기준으로 할 수 있다.[10]

중산층을 이루는 사람이 누구인가를 살펴보면 우리 사회가 어디에 가장 닿아 있는지 확인된다. 엠브레인에서 실시한 '중산층 이미지 관련 인식 조사'를 보면 중산층에 대한 우리나라 사람의 관점을 엿볼 수 있다.[11] 우리나라에서 보편적인 중산층 판단 기준은 자산 규모(부동산 포함), 현금 보유량, 직업, 학력(학벌), 도덕 및 사회 규범에 대한 태도, 사회적 인맥의 수준 및 양 순으로 나타났다. 특히 앞의 세 기준(자산, 현금, 직업)이 다른 기준보다 압도적으로 높은 비중을 차지했다. 일반 상식과 부합하게 돈이나 돈을 벌 수 있는 직업이 중산층의 가장 중요한 척도로 작용하는 것이다. 흔히 언론에서는 고소득층과 저소득층 사이에 있는 사람들을 가리켜 중산층이라 부르기도 한다.

사람들이 중산층을 파악하는 데 가장 많이 사용하는 기준이 경제적인 기준이다. 그런데 경제적 기준을 보는 방식도 두 가지이다. 첫 번째는 절대적인 기준으로 보는 것이다. 세계은행이 보는 방식이 절대적 기준을 사용하는 것인데 하루에 쓰는 지출액이 4~20달러(2005년 구매기준)이면 중산층으로 본다. 두 번째는 상대적인 기준으로 보는 것이다. OECD에서 보는 방식이 상대적인 기준으로 보는 것인데 중위가구소득의 50%에서 150% 사이에 있는

---

10 홍두승, 『한국의 중산층』, 서울대학교 출판부, 2005.
11 마크로밀엠브레인, 「2021 중산층 이미지 관련 인식 조사」, 2021.

사람을 중산층으로 본다.

경제적인 측면과 아울러 사회적인 측면으로 중산층을 살펴볼 수 있다. 엠브레인의 여론조사를 다시 보면, 중산층에 대한 이상적인 이미지에 대한 응답에서 "타인에 대한 태도", "도덕 및 사회규범에 대한 관점", "문화적 취향의 깊이"가 높은 순위로 나타났다. 이는 프랑스의 중산층 기준인 "외국어 사용 여부", "직접 하는 스포츠", "다룰 수 있는 악기", "요리를 할 줄 아는지 여부", "사회문제에 참여하는지 여부", "봉사활동을 하는지 여부"와 맞닿아 있다. 또한 미국에서는 이 외에도 자녀의 대학 교육, 보육, 의료보험, 퇴직연금, 가족 휴가를 중산층의 기준으로 들었다.

주관적 인식을 바탕으로 한 중산층 개념이 있다. 객관적인 기준으로 중산층에 속하더라도 중산층으로 생각하지 않는 경우가 있다. 특히 실제로는 중산층인데 상류층이라고 생각하는 사람보다는, 중산층인데 하류층이라고 생각하는 사람이 더 많다. 가계 지출이 수입보다 많아서, 체감물가가 높아서, 일자리의 질이 변변치 않아서, 주택을 보유하지 못해서, 노후 준비가 잘 안되어 있어서 등의 이유로 실제로는 중산층에 포함되더라도 하류층에 속한다고 파악하는 것이다.[12]

체화된 계급, 아비투스

피에르 부르디외(Pierre Bourdier)의 아비투스(Habitus)라는 개념을 알면 사회계층에 대한 이해에 도움이 된다. 각 사회적 계층의 사람들은 자라오면서 계

---

12 이준협, 「현안과 과제」, 현대경제연구원, 2013.

층에 맞게 어떠한 성향을 습득한다. 그 성향이란, 집에서 쓰는 용어가 될 수도 있고, 교양 수준이 될 수도 있고, 음식 선호가 될 수 있고, 취미의 차이가 될 수도 있다. 예를 들어, 영화에서 박 사장의 가족은 영어를 많이 섞어 쓰는 데 반해 기택네 가족은 비속어를 많이 섞어 쓴다. 이러한 언어 습관이 두 가족의 아비투스에 차이가 있음을 보여준다.[13] 이러한 언어 행태가 시간이 켜켜이 쌓여 만들어낸 체화된 차이를 보여준다.

또한 취미만 하더라도 상류층은 승마를 즐기는 데 반해, 중산층은 축구를 즐긴다. 물론 사회경제적으로 지위가 낮은 사람도 승마를 즐길 수 있고 지위가 높은 사람도 축구를 즐길 수 있다. 그러나 집이 어려운데 승마를 즐기는 사람은 매우 드물다. 특히 상류층은 중산층이 즐기는 취미도 즐길 수 있는 데 반해 중산층은 상류층이 즐기는 취미를 잘 즐기지는 못한다. 부르디외의 '구별짓기'의 핵심은 사회계층에 따라서 여가를 소비하는 방식이 다르고 이 다른 소비 방식이 다시 계층을 구분짓는 되먹임 과정을 거친다는 것이다.[14]

문화적 자본은 아비투스라는 체화된 상태로 녹아내리게 된다. 아비투스가 형성되는 데는 오랜 시간이 필요하다. 경제적 자본은 가령 로또에 당첨되면 바로 극복이 가능하다. 그에 비해 문화적 자본은 아무리 고급 교양 수

---

13 허만형, 「문화자본론 관점에서 본 영화 〈기생충〉 – 현대적 아비투스 계급의 발견」, 『영상문화컨텐츠연구』 19, 2020, 139~164쪽.

14 물론 이 구별짓기와 다른 논의도 있다. 옴니보어(Omnivore : 포괄적 향유)를 주장하는 측에서는 상류층에서는 상류문화뿐만 아니라 대중문화도 충분히 즐기고 있다는 논의가 있다. 하지만 하위계층은 즐길 수 있는 문화가 좁은 유니보어(Univore) 현상이 일어난다고 한다.

업을 단기 속성으로 듣는다고 해도 축적하는 데 시간이 걸린다. 그만큼이나 사회계층은 뛰어넘기 어려운 선이 된다.

활기찬 사회

'개천에서 용 난다'라는 속담이 사회계층 이동을 잘 설명한다. 최근 개천에서 용이 나지 못한다는 말이 도는 것은 계층이 고착화되어 세습되고 있다는 의미로 볼 수 있다. 이러한 세습은 개인적으로 극복하기는 어렵다. 그래서 사회적인 도움이 필요해진다.

물론 정부가 강제로 계층을 바꿀 필요는 없다. 하지만 낮은 계층의 사람들에게 적절한 기회가 나누어질 수 있도록 노력할 필요가 있다. 왜냐하면 사회계층이 고착화되어버리면 사회의 활기가 사라지기 때문이다. 어차피 높은 계층에서 태어난 사람들은 노력하지 않더라도 그 계층을 유지할 것이고, 반대로 낮은 계층의 사람들은 무슨 수를 써도 잘 살 수 없다면 노력을 할 필요가 없을 것이다. 그래서 사회 전체적으로 발전이 더딘 상태가 될 것이다. 그러므로 정부에서는 저소득층에게도 기회가 돌아갈 수 있는 정책을 실행해야 한다.

합리적인 진로 선택

빌리 엘리어트

　세상이 많이 변했지만 변하지 않은 것이 있다면 청소년 시기의 진로에 대한 걱정이다. 학부모들은 겉으로는 자식이 자기가 하고 싶은 일을 하라고 말하지만 실제로는 자식이 먹고사는 데 도움이 되는 일을 하기를 바란다. 그래서 일단은 자식에게 하고 싶은 일을 하는 게 중요하다고 말할지언정 정작 자식이 부모의 마음에 들지 않은 길을 가려고 하면 말린다. 예컨대 자녀가 시인이 되고 싶다고 하면 그보다는 법조인이 되는 것이 어떠냐고 권유한다. 영화 〈빌리 엘리어트(*Billy Elliot*)〉는 청소년이 합리적으로 진로를 선택하는 것이 무엇일까에 대한 생각을 하게 한다.

권투에서 발레로

　영화의 주된 배경은 1984년 3월부터 1985년 3월까지 잉글랜드 북동부 지방의 더럼 지역에서 벌어졌던 광부 파업이다. 아버지가 광부인 열한 살 빌리는 다른 남자애들처럼 권투 체육관을 다닌다. 어느 날 빌리는 권투 도장 옆에서 진행되는 발레 수업을 보고 빠져든다. 하지만 발레는 여자나 한다는 고정관념에 사로잡혀 있었기 때문에 일단은 자신의 욕구를 거부한다. 그러나 끝내 권투 수업에 빠지고 발레 수업을 보러 간다. 그리고 빌리의 발레에 대한 열정은 활활 타오르기 시작한다.

빌리는 도서관에 가서 발레 책을 보고 화장실에서 몰래 발레를 연습한다. 마침내 권투 수업을 전격적으로 불참하고 발레 수업을 듣는다. 그러다가 발레하는 것을 아버지에게 들키고 만다. 빌리가 터프한 남자가 되기를 바라는 아버지는 크게 실망한다. 설상가상으로 대처(Margaret Thatcher) 정부는 파업하는 광산 노동자에게 강경 대응을 하느라 아버지의 월급도 제대로 들어오지 않는다. 이러한 상황에서 발레에 돈을 쓴다는 사실에 아버지는 격분하고 만다. 아버지의 분노에 우울했지만 발레를 할 때만큼은 세상 어느 누구보다 행복하다.

빌리의 꿈을 반대하는 아버지를 비난하기만 하기는 어렵다. 아버지가 빌리가 권투를 하기 원하는 이유는 사회적인 통념상 남자의 스포츠이기도 하고, 권투를 하는 데 돈이 많이 들지 않기 때문이다. 하지만 발레를 하려면 좋은 학교에 가야 하고 여러 비용이 발생한다. 파업으로 월급을 제때 받지 못하는 아버지로서는 감당하기 어려운 면이 있다. 그럼에도 불구하고 추후에 아버지는 배신자라는 오명을 감수하고 빌리를 위해서 파업 대열에서 나와서 탄광으로 돌아간다. 현실이 팍팍한 상황에서 빌리는 국립발레단에 들어가기 위한 오디션을 본다. 빌리의 선택은 합리적인가?

합리성

진로 선택을 합리적으로 하는 것은 중요하다. 그 누가 합리적인 선택을 마다하겠는가. 요즈음은 합리적인 선택이라는 것이 돈이 되는 선택인지 아닌지에 크게 결부되어 있다. 하지만 원래 합리적이라는 말은 꼭 돈만의 이야기는 아니다.

경제학자들은 합리성의 조건을 크게 세 가지로 생각했다. 우선 효용 극대화이다. 여기에서 효용이라는 것이 꼭 돈일 필요는 없다. 어떤 것이든 주관적인 만족의 크기를 말한다. 그러므로 돈이 안 되더라도 크게 희열을 느낄수 있다면 그것도 효용이 있다고 할 수 있다. 합리적인 의사결정자는 무엇이되었든 자기에게 효용이 되는 것을 극대화하려 한다. 이러한 점에서 빌리는 발레를 하며 느끼는 효용을 극대화하기를 원한다는 점에서 합리적이다.

둘째, 자기가 무엇을 원하는지 확실히 알아야 한다. 이를 완비성(Completeness)이라고 하는데 선택할 수 있는 대안 간에 선호의 차이를 둘 수 있어야한다는 것이다.[1] 빌리의 경우에는 발레와 권투를 비교하면 발레를 선호한다. 이렇게 선호가 뚜렷해야 한다.

셋째, 선택하는 대안 간에 이행성(Transitivity)이 있어야 한다. 내적인 일관성이 있어야 한다는 뜻이다. 예를 들어, 빌리가 선택할 진로가 만약 발레리노, 권투선수, 광부 이렇게 세 가지라고 하자. 발레가 권투보다 좋고 권투가 석탄 캐는 것보다 좋다면, 발레하는 것이 석탄 캐는 것보다 좋아야 이행성이있는 것이다. 권투선수가 되기보다는 발레리노가 되고 싶고, 광부가 되기보다는 권투선수가 되고 싶은데, 발레리노와 광부를 비교했더니 광부가 되기를 원한다면, 그 선택에는 이행성이 없는 것이다. 물론 이 합리적인 기준이 합리성의 전부를 말해주는 것은 아니지만 기본적인 생각의 틀이 될 수 있다.

---

1 김영세, 『게임이론 : 전략과 정보의 경제학』(4판), 박영사, 2008.

그래! 합리적으로 의사결정해보자

합리적인 의사결정 과정은 크게 6단계로 나누어 볼 수 있다.[2] 우선 문제를 정의한다. 빌리가 마주한 문제는 진로 선택이다. 두 번째는 목표를 설정하고 평가기준을 확립하는 것이다. 영화에서 목표라고 할 만한 것은 역시 빌리가 잘 먹고 잘 사는 것이다. 좀 더 구체적으로 말하면, 진로 선택으로 얻을 수 있는 기대수익을 선택하는 것이다. 세 번째는 대안을 마련하는 것이다. 영화에서는 광부, 권투선수, 그리고 발레리노가 선택지이다. 네 번째는 평가기준에 따라 대안을 평가하는 것이다. 다섯 번째는 대안을 결정하는 것이다. 여섯 번째는 결정을 실행하고 결과를 평가하는 것이다.

인생은 비가역적이기 때문에 한번 선택하면 그 시간은 돌이킬 수 없다. 그리고 그 선택의 결과는 오랜 시간이 지난 후에 나온다. 그래서 진로를 결정하고 실행한 후 결과를 평가하면 수년의 시간이 후딱 지나가 있다. 점심 메뉴를 고르는 일에서는 오늘 선택이 만족스럽지 못했다면 내일 점심을 노리면 된다. 그것도 안 된다면 모레 점심을 노려도 된다. 그러나 나중에 후회할 수 있기에 진로 선택은 다른 의사결정보다 더 신중해야 한다.

그리고 평가기준을 정하는 것도 매우 어렵고 개인적이다. 사실 우리가 진로를 선택하는 데에는 아주 다양한 요인이 있다. 금전적인 보상은 물론이거니와 직업의 위신, 직업 안정성, 개인적 관심, 개인적 자신감, 직업의 발전성, 가족, 교사, 친구의 영향이 혼재되어 나타난다.

이론적으로는 우리 모두 합리적인 의사결정을 할 수 있을 것 같다. 하지

---

2   Phillips, J. & Gully, S., *Organizational behavior* (2nd edition), OH: South-Western Cengage Learning, 2014.

만 현실에서는 합리적 선택을 가로막는 무수한 요소들이 있다. 우선 꼽을 수 있는 것이 제한된 합리성(Bounded rationality)이다. 경제학자들은 종종 인간이 아주 똑똑하고 모든 정보를 습득할 수 있다고 가정한다. 하지만 현실에서 정보는 제한적이고 정보가 있더라도 그것을 해석하는 능력도 제한적이다. 차라리 제한된 합리성을 인정하고 가는 것이 훨씬 현실적이다. 그래서 완벽한 결과보다는 만족스러운 결과를 바라는 것이 바람직할 수 있다.

직감 대 이성

인간이라는 존재가 불완전하기 때문에 아무리 합리적으로 의사결정을 한다 하더라도 오히려 직감에 따라 결정한 것만 못한 경우가 있다. 노벨 경제학상을 수상한 바 있는 다니엘 카네만(Daniel Kahneman)은 결정에는 직감과 이성이라는 시스템이 있다고 이야기한 바 있다.[3] 이 생각이 발전되어 시스템 1과 시스템 2라는 체계로 정리되었는데 시스템 1은 빠르게 자동적이고 직감적으로 나오는 결정이고, 시스템 2는 천천히 이성적으로 나오는 결정을 뜻했다.

사실 빌리의 결정은 시스템 1에 가깝다. 그가 처한 현실적인 상황에서 발레리노가 되는 것은 어려운 일이다. 발레리노가 된다 하더라도 톱스타가 되는 것은 더욱더 지난하다. 하지만 그가 발레단 면접에서 한 말처럼 빌리는 발레를 하는 것이 너무 좋다. 이것은 누군가 아무리 비합리적이라고 말한다고 해결될 문제가 아니다. 평가기준이 기대수익이라면 빌리의 결정은 비합

---

3   Kahneman, D., *Thinking, fast and slow*. NY: Farrar, Straus and Giroux, 2011.

리적이라고 볼 수도 있다. 하지만 인생에는 돈이 아닌 다른 것이 기준이 되기도 한다. 객관적인 수치로 나타나지 않더라도 개인에게는 더 중요할 것들이 있는 것이다.

진로를 선택하고 가꾸어나가기까지

마크 사비카스(Mark L. Savickas)의 진로 구성 이론(Career Construction Theory)은 진로를 선택하고 가꾸어나가는 데 미치는 여러 요인을 보여준다. 특히 진로 선택의 초기에 부모의 지지는 선택에 지대한 영향을 준다.[4] 빌리 아버지는 처음에는 빌리를 이해하지 못한다. 빌리를 사랑하지 않아서가 아니다. 반대로 사랑해서이다. 아버지는 빌리가 잘되기를 바란다.

문제는 사람의 인생과 진로가 어떻게 될지 모른다는 점이다. 불확실한 상황에서 판단을 내릴 때 자신이 익숙한 것은 크게, 익숙하지 않은 것은 작게 고려되기 마련이다. 이러한 상황을 대표성 휴리스틱(Representativeness heuristic)[5]이라고 한다. 우리가 어떠한 결정을 할 때 모든 것을 계산한 뒤에 하지는 않는다. 미래가 불확실한 상황이라면 더욱더 그렇다. 그러므로 아버지는 익숙한 권투를 더 권유하는 것이고 낯선 발레는 권유하기 힘든 것이다. 물론 아

4   Guan, P., Capezio, A., Restubog, S.L.D., Read, S., Lajom, J.A.L. & Li, M., "The role of traditionality in the relationships among parental support, career decision-making self-efficacy and career adaptability, *Journal of Vocational Behavior*, 94, 2016, pp.114~123.

5   Tversky, A. & Kahneman, D., "Judgment under Uncertainty: Heuristics and Biases: Biases in judgments reveal some heuristics of thinking under uncertainty", *Science*, 185(4157), 1974, pp.1124~1131.

들을 사랑하는 아버지는 끝내 아들의 진로를 묵묵히 지지해주기로 한다. 이는 빌리가 꿈의 결실을 위해 정진하는 데 큰 자원이 된다.

빌리, 잘 돼서 다행이야

천신만고 끝에 빌리는 발레학교에 입학했다. 그리고 영화는 빌리가 백조로 날아오르는 장면으로 끝이 난다. 정확한 상황은 모르지만 발레리노로 성공했음을 암시한다. 보는 입장에서도 다행이라고 생각하는 것은 반대와 압박에도 이루어낸 성공이기 때문이다. 사람은 어떤 일을 할 때 성공을 계획하고 실행한다. 그것이 진로 결정이 되었든 사업 결정이 되었든 말이다. 하지만 종종 스스로에게 객관적이지 못하고 근거 없는 자신감으로 일을 추진하는 경우가 있다. 즉, 자신감이 과잉되어 있는 것이다. 과잉자신감(Overconfidence)[6]이란 자신의 지식, 능력, 정보의 정확성을 과대평가하는 것을 말한다. 예를 들어, 진로를 결정할 때 자신의 능력을 과대평가할 수도 있고, 직업의 유망성을 과대평가할 수도 있다. 이러한 과대평가로 이루어진 과잉자신감은 잘못된 결정을 낳기도 한다. 아마도 빌리는 발레에 대한 지식, 능력, 직업 전망보다는 원초적인 이끌림에 의해서 선택했기 때문에 결과가 좋았던 것이 아닌가 싶다.

진로를 선택하고 나서도 사실 탄탄대로를 걷는 사람은 극소수에 불과하다. 많은 사람들이 낙오하기 마련이다. 특히 발레 같은 예술 분야에서 스타

---

6 Bhandari, G., & Deaves, R., The demographics of overconfidence. *The Journal of Behavioral Finance*, 7(1), 2006, pp.5~11.

가 되는 것은 정말 하늘의 별 따기만큼 어려운 일이다. 옆에서 보기에는 안 될 것 같은데 계속 밀어붙이는 사람들이 있다. 이를 몰입상승 효과(Escalation of commitment)라고 하는데, 의사결정자가 실패하는 행동을 지속한다는 것이다.[7] 영화 속의 빌리는 다행히 성공하는 듯 보이지만, 스스로 안 될 것을 알면서도 짐짓 외면하고 계속 발레를 하는 발레리노 지망생도 있을 것이다. 물론 그런 사람이 취미로 발레를 하는 것은 문제가 되지 않는다. 평균이하의 실력과 재능으로 발레리노라는 직업을 지속하면 안 되는 것이다.

빌리가 열정에 이끌려 발레학교에 입학했지만 어떠한 이유에서 잘 안 풀릴 수도 있었다. 이때 끝까지 발레리노로 성공하겠다고 우격다짐 노력한다면 그것은 합리적인 선택이라고 하기 어려울 것이다. 그동안 투자한 시간이 아까워서 계속하는 경우도 있다. 이는 매몰 비용으로도 설명할 수 있다. 안 되면 그것을 인정하고 손을 떼야 하는데 본전이 아까워서 계속하는 것이다. 하지만 이는 종종 인생의 낭비로 귀결되고 만다.

물론 가장 중요한 것은 결과이다. 결과가 좋으면 과거의 의사결정이 정당화될 것이다. 반면, 그 어떠한 이유로든 실패하면 과거의 의사결정을 원망하게 될 것이다.

---

7   Brockner, J., The escalation of commitment to a failing course of action: Toward theoretical progress. *Academy of Management Review*, 17(1), 1992, pp.39~61.

절망을 피하기 위한 목숨 건 여정

엘리시움

음식물 쓰레기가 사회문제이다. 그런데 우리나라에서 음식물 쓰레기가 사회문제가 된 것은 오래된 일은 아니다. 1970년대만 하더라도 '보릿고개'라는 단어가 있을 정도로 많은 사람들이 굶주렸다. 그 후 경제가 발전하며 음식물이 남아서 버리게 되는 상황까지 도래한 것이다.

선진국에서는 음식이 남아돌아 음식물 쓰레기를 고민하고 있는데 개발도상국에서는 수많은 사람들이 기아의 상태를 면치 못하고 있다. 음식물 쓰레기는 수많은 문제 중 하나일 뿐이다. 경제, 의료, 치안, 환경 등 사회의 다채로운 면에서 격차가 크게 났고 저개발국 국민들은 자국을 떠나 선진국에 들어가기 위해서 위험한 발걸음을 옮긴다. 영화 〈엘리시움(Elysium)〉은 불평등과 이주민에 대한 문제를 잘 보여준다.

더 나은 삶을 위한 처절한 몸부림

때는 2154년. 인간은 지구 위에 엘리시움이라는 무릉도원 같은 위성 정착지를 만든다. 이곳에서는 배고픈 사람도 없고 고도로 발달된 기술 덕분에 어떤 질병도 어렵지 않게 고칠 수 있다. 이러한 혜택을 받으려면 엘리시움 시민권이 있어야 한다. 하지만 엘리시움에 속하지 못한 지구에 있는 사람들은 참혹한 생활을 하고 있다. 엘리시움에 가기 위해 지구에 있는 사람들은 위험한 우주여행을 감행한다. 맥스(Max DeCosta)도 일터에서 방사능이 노출되어 시한부 인생이 되고, 이를 계기로 엘리시움에 가기 위한 사투를 벌인다.

참혹한 삶에 대처한 자세

불평등은 동서고금을 막론하고 존재해왔다. 문제는 이 불평등의 수준이 감내할 수 없을 정도로 커졌을 때이다. 불평등은 한 국가 내에서 나타나기도 하고, 국가 간 문제로 파악되기도 한다. 만약 모든 국가가 동등하게 가난하다면 굳이 이 나라 저 나라로 떠돌아다닐 필요가 없다.

미국의 학자 앨버트 허쉬만(Albert Hirschman)은 몰락하는 조직의 구성원이 어떻게 대응하는지를 크게 세 가지 방식으로 파악하였다.[1] 물론 원래 주안점은 조직이었지만 국가 단위 체제에서도 응용될 수 있어 여러 학자들이 이 모형을 이용하고 있다.

첫째는 이탈(Exit)이다. 대부분 난민은 자국보다 잘 사는 국가로 간다. 난민이 왜 부자 나라(특히 미국)으로 가냐고 묻는 사람들이 있는데, 난민이 더 나은 삶을 영위할 수 있는 국가로 가는 것은 당연한 이치이다.

---

1 Hirschman, A. O., *Exit, voice, and loyalty: Responses to decline in firms*, organizations, and states. Harvard University Press, 1970.

둘째는 항의(Voice)다. 문제 많은 개발도상국가에서도 지도층은 부유하게 잘 사는 경우가 있다. 유엔이나 선진국에서 지원한 돈으로 호의호식하는 것이다. 그런 지도층이 각종 부정부패부터 잘못된 정책 집행까지 저지르며 나라를 더욱 빈곤의 늪에 빠뜨린다. 이러한 난국을 타개하기 위해서 시민들은 목소리를 낸다.

셋째는 국가가 개선되기를 바라며 충성심(Loyalty)을 보이는 것이다. 이 충성심은 자의가 될 수도 있고 타의가 될 수 있다. 현실적으로 나라가 마음에 들지 않는다고 하더라도 쉽게 보금자리를 떠나거나 강압적인 정부에 맞서 분연히 일어날 수는 없다. 이럴 경우에는 울며 겨자 먹기로라도 가만히 있으며 시간을 태울 수밖에 없다.

난민처럼 보이는 이민

이 영화를 난민 문제로도 생각해볼 수 있다. 서유럽이나 미국 같은 선진국에도 사회문제가 많은데 그중 하나가 난민문제이다. 난민이라는 개념이 처음 이 정립된 것은 제2차 세계대전 이후다. 1951년 유엔에서는 세계 2차대전 이후에 생긴 수백만 명이 넘는 난민을 위해 헌장을 만들었다. 유엔 난민의 지위에 대한 협약에 따르면 난민이란 인종, 종교, 국적, 특정 사회집단의 구성원 신분 또는 정치적 의견을 이유로 박해받을 우려가 있다는 충분한 근거가 있는 공포로 인하여 자신의 국적국 밖에 있는 자로서 국적국의 보호를 받을 수 없거나 또는 그러한 공포로 인하여 국적국의 보호를 받는 것을 원하지 아니하는 자, 또는 종전의 상주국 밖에 있는 무국적자로서, 상주국에 돌아갈 수 없거나, 또는 그러한 공포로 인하여 상주국으로 돌아가는 것을 원하지 않는

자를 의미한다.[2]

난민의 정의가 중요한 것은 아무나 난민이라 칭할 수 있는 게 아니기 때문이다. 난민이 되는 것은 상당히 까다롭다. 난민으로 인정받기 위해서는 난민임을 증명해야 한다. 박해를 받았다는 것을 증명해야 하는데 박해하는 쪽에 요청하여 증명서를 발급받을 수도 없는 노릇이다. 급박하게 떠나는 경우에는 증거를 챙겨 오기도 힘들다. 일부 유명인사를 제외하고 난민임을 인정받으려면 대부분 증언에 의존해야 한다. 증언의 진실성을 제대로 입증하지 못하면 난민의 지위를 인정받지 못하고 강제로 추방당할 수 있다. 매정하다고 생각할 수도 있겠지만, 이렇게 엄격하게 관리하지 않으면 아무나 난민이라 주장하며 비자 없이 타국으로 들어가려 할 것이다.

근래에는 난민과 깊이 관련 있는 개념으로 디아스포라(Diaspora)라는 단어를 사용하기도 한다. 디아스포라는 원래 팔레스타인 바깥에 흩어진 유대인을 뜻했으나 현재는 자신의 기원지를 떠나 조국 밖에 자리 잡은 집단을 지칭한다.[3]

그렇다면 영화에 나오는 지구인들을 난민으로 부를 수 있는가? 엄격하게 말해서 난민이라 할 수 없다. 영화에서는 가난한 지구 사람들이 부유한 엘리시움으로 가려고 무진장 노력을 한다. 그런데 그들은 지구에서 종교적 민족적인 이유로 박해를 받는 것으로 그려져 있지 않다. 다만 몹시 가난하고 사회질서가 무너진 곳에서 살고 있는 것이다. 그러므로 지구를 떠나 엘리시움으로 가려는 사람들은 난민처럼 보이지만 사실 이민을 가려고 하는 것이다.

---

2   임현, 「난민법에 대한 평가와 과제」, 『법제』 3월호, 2014, 30~47쪽.
3   서정경, 「국가주의와 디아스포라」, 『국제정치논총』 57(4), 2017, 80쪽.

이상과 현실

사이코패스가 아닌 이상 어려움에 처한 이민자의 처지를 안타까워한다. 하지만 실제로 이민자를 받아들이는 것은 다른 이야기이다. 특히 국정을 운영하는 입장에서는 안타깝다고 무작정 이민자를 받아들이면 사회 불안정이 커질 수 있어 고심하게 된다. 영화에서는 지구에서 엘리시움으로 오려는 이민자가 탄 비행선을 격추하라고 명령하는 델라코트 장관(Secretary Delacourt)이 피도 눈물도 없는 인물로 묘사된다. 장관은 가까스로 착륙한 이민자들도 가차없이 송환시켜버린다. 파텔 대통령(President Patel)은 이 과정에서 46명의 사람이 죽었다고 비판한다.

> 대통령 당신 명령이 꽤나 불법인 거요.
> 장관 압니다.
> 대통령 크루거 요원을 이용했더군요. 15건의 인권침해, 강간, 유괴, 고문. 이 사람 사이코패스로 판명난 거 아닙니까. 내가 그 사람 쓰지 말라고 했을 텐데요.
> 장관 대통령님, 한말씀 드리겠습니다. 아이 있으십니까? 없는 걸로 알겠습니다. 아마도 애가 있으시면 삶의 터전이 영속적이게 행동할 것입니다. 나는 이를 완전히 이해하고 있습니다. 그런데 그들이 당신이 당신 아이를 위해 만든 집에 들이닥칠 수 있단 말입니다. 캠페인으로서는 그들을 쫓아낼 수 없어요.
> 대통령 충분히 들었어요. 마지막 경고입니다.

델라코트 장관의 강경한 입장은 상호집단 위협이론(Intergroup threat theory)으로 설명 가능하다. 간단하게 말하면, 자원이 타 집단에 의해서 잠식당하면 위협을 느낀다는 이론이다.[4] 이 위협이론에서는 위협을 두 가지로 나누어 설명하는데, 현실적인 위협(Realistic threat)과 상징적인 위협(Symbolic threat)이 있다. 현실적 위협은 실제적인 자원이나 평안을 침탈당하는 것이고, 상징적인 위협은 가치나 믿음의 체계가 위협받는 것이다. 영화에서 엘리시움에 사는 사람들이 느끼는 것은 상징적 위협이라기보다는 현실적인 위협이다. 지구에 있는 사람들이 들어와서 엘리시움 시민들이 누리는 혜택을 빼앗을까 봐 위협을 느끼는 것이다.

현실에서의 파텔과 델라코트

영화에서뿐만 아니라 실제로 많은 사람들이 이민자들이 공동체로 들어오는 것을 반대한다. 이민자의 나라인 미국에서도 그렇다. 남아메리카 몇몇 국가는 체제가 붕괴하여 도무지 있을 만한 상황이 못 되는 경우가 있다. 그래서 총기사건도 많고, 보편적 의료보험 체계도 구비되어 있지 않고, 마약 문제도 심각한 미국이라 해도, 자기 나라에 비하면 엘리시움처럼 보인다. 그래서 멕시코를 통해서 목숨 건 횡단을 시도하는 것이다.

미국에서는 멕시코에서 넘어오는 불법이민에 강경 대처하는 트럼프가 두 번 당선되었다. 이민자에게 모질게 대하는 트럼프 정부 지지자들을 나쁜 사

---

4 Stephan, W.G. & Stephan, C.W., "An integrated threat theory of prejudice", In S. Oskamp(Ed.), *Reducing prejudice & discrimination*, Hillsdale, NJ: Erlbaum, 2000, pp.23~46.

람이라고 말할 수 있는가? 말처럼 쉽지 않다. 텍사스는 트럼프 지지자가 다수인 곳인데, 그 이유 중 하나는 멕시코와 국경을 맞대고 있기 때문이다. 텍사스 주지사 그렉 애벗(Greg Abbott)은 불법이민자를 버스에 태워 대거 뉴욕과 시카고로 보냈다.[5] 그러자 뉴욕과 시카고에서는 항의했다. 뉴욕와 시카고는 트럼프를 지지하지 않는 편이고 멕시코 국경과는 멀리 떨어져 있어서 불법이민 문제가 크게 없는 곳이다. 이에 텍사스 사람들은 뉴욕이나 시카고 사람들이 위선적이라고 비판한다.

텍사스 사람들은 이민자들이 저임금 일자리를 앗아가고 사회불안을 증가시킨다고 말한다. 이는 부분적으로는 사실이다. 이민자들도 일자리가 필요하지만 할 수 있는 일은 한정되어 있다. 그들은 대체로 특별한 언어 능력이나 기술이 필요없는 육체노동을 하게 된다. 원래 그런 일에 종사하던 텍사스 사람들에게 불법이민자들은 일자리를 빼앗아가는 존재이다. 일반인들에게도 이민자들의 존재는 위협적으로 보인다. 미국에 들어오는 난민들은 기본적으로 언어도 문화도 다른 낯선 존재이다. 그러므로 난민들이 아무리 선의를 가지고 위협적인 행동은 전혀 하지 않더라도 경계할 수밖에 없다. 텍사스가 델라코트의 입장이라면 뉴욕이 파텔 같은 입장이다. 이러한 상황에서 이민 반대 의견을 반대만 하기는 어렵다. 그렇다면 해결 방법은 없을까?

5   Calvan, B., After sending busloads of migrants to NYC, Texas governor visits city to fault Biden for crisis, Associate Press, 2023. https://apnews.com/article/migrants-new-york-adams-abbott-colombia-58d423ab3e84e5692d50f773803254ee

모두가 다 같이 잘 사는 길

영화에서는 지구에 사는 모든 사람이 한꺼번에 엘리시움 시민이 되는 것으로 결말이 지어진다. 하지만 현실에서는 실현 가능성이 떨어지는 결말이다. 사실 불평등 문제라든지 자유로운 이민의 문제에 대해서는 오래전부터 논의되어왔다. 하지만 그 어떤 문제도 쉽게 풀리지 않았고 앞으로도 그럴 것이다. 다만 실제로 가능한 대안은 점진적이고 광범위한 수용이다.

문제의 핵심은 누구나 모두 더불어 잘 살길 원하지만 실제적인 피해를 보고 싶어 하지는 않는다는 것이다. 이를 위해서는 이민자들을 한 곳에서 집중적으로 받으면 안 된다. 가령 텍사스로 넘어오는 이민자들을 텍사스 혼자 감당하면 당연히 볼멘소리가 나올 수밖에 없다. 자연히 이민자들에 대한 반감만 커지게 된다. 이를 방지하려면 텍사스에 쏟아져 들어오는 이민자를 50개 주로 고르게 재배치해야 한다. 그리고 그 50개 주에서도 이민자들을 폭넓게 분산 수용해야 한다. 그래야 받아들이는 입장에서도 진심으로 이민자들을 환영할 수 있다. 이는 미국이라는 국가에 한정할 문제는 아니다. 이민자를 수용할 수 있는 나라 역시 넓게 분포되어야 한다.

이 방안은 상호집단 위협이론과도 맥을 같이한다. 앞에서 설명했듯이 위협은 한 집단의 자원이 타 집단에 의해서 감소될 때 느껴진다. 그러므로 자원이 감소되는 것을 크게 느끼지 못하게 해야 한다. 이를 위해서는 이민자를 분산하여 수용해야 하는 것이다.

그리고 이민자들이 어떻게 사회에 공헌할 수 있는지도 논의해야 한다. 미국이 지금 최강대국이 된 것은 여러 나라에서 온 이민자들 덕분이다. 구글의 창업자인 세르게이 브린(Sergey Brin)은 러시아에서 왔고, 2015년부터 10년째 구글의 수장을 맡고 있는 순다 파차이(Sundar Pichai)는 인도에서 온 이민자이다. 일론 머스크(Elon Musk)도 남아프리카에서 태어나 캐나다로 왔다가 미국으로 건너온 케이스이다. 문제는 이민자가 가져온 과실이 편중되게 분배될 수 있다는 점이다. 이렇게 되면 혜택을 직접 받지 못한 사람들은 이민자에게 적개심을 가질 수 있다.

　균등하게 잘사는 것으로 가는 길은 매우 험난하다. 하지만 균등하게 살만한 사회적 장치를 다양하게 마련하는 것이 극단적인 혐오 감정에서 벗어나는 방도이다.

나쁜 사회적 자본

대부

1972년에 나온 〈대부(*The Godfather*)〉는 이제 고전이 되어 영화를 좋아하지 않는 사람에게도 익숙한 이름이 되었다. 영화사에 길이 남을 영화 중 하나인 〈대부〉는 미국에 정착한 이탈리아 이민자들의 생활을 잘 그려냈다. 말론 브란도, 알 파치노, 그리고 앤디 가르시아로 이어지는 콜레오네 가족의 진화는 〈대부〉 1, 2, 3를 통해 잘 그려져 있다.

가문의 탄생

대부의 뼈대를 이룬 사람은 돈 콜레오네(Don Corleone)이다. 'Don'은 영어 이름 도널드(Donald)의 줄임말이 아니라 '존경하는'이라는 의미를 가진 이탈리아어 단어이다. 라틴어 Dominus에서 유래된 말로 영어로는 'Sir', 우리나라 말로는 '선생님'과 비슷하다. 영화에서 1대 돈 콜레오네는 비토 콜레오네, 2대는 마이클 콜레오네이고 그리고 3대는 빈센트 콜레오네이다. 콜레오네 가문을 일으킨 비토 콜레오네는 아버지가 이탈리아에서 사망한 후 간신히 미국으로 도망쳐 온다. 본명은 비토 안돌리니인데, 미국에 입국할 때 영어를 못해서 이름을 묻는 입국장 직원에게 콜레오네에서 온 비토 안돌리니라고 이탈리아어로 대답하자 직원이 콜레오네가 성(姓)인 줄 알고 서류에 그렇게 써주었다. 이것이 콜레오네 가문의 시작이었다.

콜레오네 가문에서 가장 중요시하는 가치는 패밀리이다.[1] 패밀리를 위해서라면 법을 어기는 것을 포함해 무엇이든 한다. 그리고 패밀리가 해를 당하는 것을 용납하지 않는다. 그래서 사람들이 콜레오네와 함께하기를 바라고 그의 패밀리가 되고 싶어 한다. 그런데 콜레오네는 공권력을 가진 정부가 아니다. 하지만 상당한 힘을 바탕으로 사람들에게 영향력을 미친다. 이를 보면 단순히 경제적인 자본인 돈 이외에 무엇인가 작용하고 있는 것을 알 수 있다. 이러한 콜레오네 패밀리가 만드는 것은 경제적 자본을 넘어선 사회적 자본이다. 콜레오네 가족의 이야기를 잘 이해하기 위해서는 사회적 자본에 대한 이해가 필요하다.

사회적 자본은 무엇인가?

인간이 살아가는 데 중요한 것이 자본이다. 자본은 인간 생활의 밑천으로 생활의 편리함을 결정한다. 자본이라고 하면 대개 경제적 자본을 생각한다. 돈이 많으면 생활이 편리해지는 것은 명약관화하다. 하지만 자본에는 경제적인 자본 이외에도 사회적 자본이 있다. 사회적 자본이란 협력적 행동을

---

1 가족으로 번역할 수 있는 패밀리(Family)를 그대로 쓴 이유는 가족이라 함은 대개 친족의 경우에 한정된 느낌인 반면 패밀리는 피를 나눈 친족 이상의 범위를 포함하는 의미를 가지기 때문이다.

촉진하여 사회적 효율성을 향상시키는 신뢰, 규범, 네트워크와 같은 사회조직의 특성을 말한다.

사회적 자본이 충분하면 사회활동이 원활하게 이루어진다. 사회적 자본은 눈에 보이지 않는다. 그러나 공기가 없으면 살기 어려운 것처럼 사회적 자본이 없으면 살기 힘들다. 예를 들어, 타인을 믿지 못하는 사회에서는 거래도 하기 힘들고, 밖에 나가서 자유롭게 다니기도 어렵다.

사회적 자본에는 규범이 있어야 한다. 예를 들어 길거리에서 갑자기 사람이 쓰러지면 도와준다는 규범이 있어야 하는 것이다. 모르는 사람이라고 멀뚱멀뚱 쳐다만 본다면 그것은 사회적 자본이 없는 것이다.

사회적 자본은 사회적 거래 비용을 낮춰준다. 사회적 자본이 있다는 것은 상호호혜적인 관계가 저변에 깔려 있다는 것을 말한다. 그래서 서로 감시하지 않고 활동할 수 있다.

사회적 자본의 요소

사회적 자본에 영향을 미치는 가장 중요한 요소는 신뢰이다. 신뢰가 바탕이 되어야 사회적 자본이 형성될 수 있다. 신뢰란 상대방을 감시하지 않더라도 최소한 자신에게 해를 가하는 행동을 하지 않을 것이라는 믿음을 말한다. 살아가는 데 신뢰가 없다면 우리는 매우 피곤하게 살 수밖에 없다. 예를 들어, 우리나라에서는 카페에서 고가의 노트북을 테이블에 놓아두고 화장실을 가도 아무렇지도 않다. 이는 타인이 내 노트북을 가져가지 않으리라는 믿음이 있기 때문에 가능하다. 미국에서는 카페에서 노트북을 두고 화장실을 가려고 하면 옆에 있는 모르는 사람의 눈을 바라보며 노트북을 맡아달라고 이야기를 해야 그나마 마음을 놓고 빨리 화장실을 다녀올 수 있다. 신뢰가 있었다면 말하지 않고 다녀올 수도 있을 텐데 그러지 못한 것이다. 카페에서 노트북을 두고 자리를 비우는 건 그나마 작은 예시일 뿐이다. 사회에 신뢰가 없다면 그만큼 일상생활을 보내는 일이 하나하나 힘겨워질 뿐만 아니라 여러 부차적 비용도 많이 들게 된다.

두 번째는 사회규범이다. 사회규범은 사회 구성원이 공동체를 위해서 책임감 있게 행동하는 것을 의미한다.[2] 사회규범은 공동체 의식으로 파악될수 있다. 여기에서 사회를 어떻게 규정하느냐가 중요하다. 사회는 국가가될 수도 있고 작은 조직이 될 수도 있다. 사회의 정체에 따라 규범이 다를수는 있지만 구성원들은 사회의 규범을 지킬 필요가 있다. 이 규범이라는것은 법과는 달라서 지키지 않는다고 해서 공식적으로 처벌을 받는 것은 아니지만, 사회적으로 배제될 수는 있다.

마지막 핵심 요소는 네트워크이다. 네트워크는 두 사람 이상이 단체활동을 하여 이어지는 것을 의미한다. 대체로 인간관계를 말하는데 각종 모임이이에 해당한다. 외국어 스터디 모임도 네트워크고 동창회도 네트워크의 일종이다.

왜 사회적 자본이 중요한가?

앞서 사회적 자본의 중요성을 가볍게 언급하기는 했지만 많은 학자들이사회적 자본에 주목하는 것은 그만큼이나 바람직한 결과를 낳기 때문이다.

---

2   정갑영 · 김동훈, 「사회적 자본지수의 계측」, 『한국경제포럼』 12(1), 2019, 1~26쪽.

우선 사회적 자본의 중요한 이유는 사람들의 삶의 만족을 높여주기 때문이다.[3] 삶을 만족시키는 요인은 여러 가지다. 자본주의 사회에서는 돈이 가장 중요하겠지만 돈이 전부는 아니다. 아무리 돈이 많더라도 타인을 믿을 수 없고, 홀로 지낸다면 행복하기 힘들 것이다. 돈은 교환가치를 가진 사회적 약속의 결과일 뿐이다. 사람을 믿지 못하고 돈만 믿고 지내는 건 불행한 일이다.

사회적 자본은 삶의 만족과도 연결되겠지만 건강에도 도움이 된다. 20편 이상의 논문이 사회적 자본이 건강에 긍정적인 영향을 준다고 보고했다. 경제적 자본이 없으면 곤궁하게 살듯이 사회적 자본이 없으면 정신적으로 피폐해진다. 어려움이 있어도 기댈 곳이 없고, 타인을 믿지 못하기 때문에 늘 스트레스가 쌓인다. 반면에 여러 사람과 만나다 보면 건강에 대한 좋은 정보를 얻을 수 있고 아는 의사도 소개받을 수도 있다.

삶의 만족 외에도 정부 성과, 경제 발전, 범죄 감소, 위기시 회복 탄력성 증가 등 개인과 사회에게 필요한 중요한 결과를 산출한다. 그래서 많은 학자들이 사회적 자본을 연구하고 사회적 자본에 영향을 주는 요인을 연구를 했다. 사회적 자본이라는 개념을 확립시킨 로버트 퍼트넘(Robert Putnam)은 그의 저서 『나 홀로 볼링(Bowling Alone)』에서 미국 사회의 사회적 자본이 감소하고 있음을 지적했다. 예전에는 같이 볼링을 치는 경우가 많았다. 그만큼이나 사교 활동도 활발했다. 하지만 볼링을 홀로 치는 사람이 늘어났는데 그

---

3   Elgar, F. J., Davis, C. G., Wohl, M. J., Trites, S. J., Zelenski, J. M., & Martin, M. S., *Social capital, health and life satisfaction in 50 countries*. Health & Place, 17(5), 2011, pp.1044~1053.

이유 중 하나가 흥미롭게도 TV였다. TV가 대중화되기 전에는 사람들은 얼굴을 맞대고 사회적 활동을 하였다. 하지만 TV를 보기 시작하면서 다른 사람들과의 만남을 줄였다는 것이다. 기껏해야 가족하고나 깊은 유대감을 유지할 뿐이다.

이제는 TV의 시대는 저물고, 남녀노소를 불문하고 핸드폰을 잡고 소셜미디어(Social media)에 몰입하는 시대가 되었다. TV와는 달리 '소셜'미디어는 사회적 자본을 줄이지는 않았다. 소셜미디어는 결속형 사회적 자본은 증가시킨 데 반해 연대형 사회적 자본을 감소시키는 경향이 있다.

사회적 자본을 인간관계에 따라서 두 가지로 나누어 볼 수 있다.[4] 결속형(Bonding) 사회적 자본은 대개 가족, 친구, 선후배 등 동질적인 관계망을 통해서 발전된다. 소속감은 있지만 배타성과 폐쇄성이 있다. 반면에 연대형(Bridging) 사회적 자본은 이질적 사회집단 사이의 느슨하지만 유기적인 연결을 강조한다. 소셜미디어는 같은 관심사를 가진 사람끼리는 규합시키는 힘이 있는 반면, 생각이 다른 사람과의 사회적 자본은 덜 축적하는 경향이 있다.

그리고 사회적 자본은 수직적, 수평적 연결과 공식적, 비공식적 연결로 파악할 수 있다.[5] 뜻이 비슷한 사람끼리 모인 봉사단체 같은 수평적인 모임이 있는가 하면 종교활동같이 위계질서가 있는 모임이 있다. 공식적으로 연결된 모임은 법으로 등록된 모임인지 아닌지 여부로 알 수도 있다. 예를 들어, 시에 등록된 테니스 동아리는 공식적으로 연결된 모임이지만 조직폭력

---

4 Granovetter, M. S., The strength of weak ties. *American Journal of Sociology*, 78(6), 1973, pp.1360~1380.

5 Ferlander, S., The importance of different forms of social capital for health. *Acta Sociologica*, 50(2), 2007, pp.115~128.

단체는 비공식적 모임이다. 물론 공식과 비공식이 확실하지 않을 수도 있다. 콜레오네 패밀리 같은 마피아 조직도 겉으로는 회사 같은 법인을 차려놓고 카지노를 운영한다. 이는 사회적 자본이 꼭 좋지만은 않다는 것을 암시한다.

콜레오네, 사회적 자본의 명과 암

콜레오네 패밀리는 사회적 자본이 가득 찬 곳이다. 이 조직의 멤버 사이에는 기본적으로 끈끈한 신뢰가 있다. 심지어 가문의 전속 변호사는 콜레오네가 아님에도 불구하고 강한 신뢰감을 갖고 있다. 그리고 규율이 있다. 어떠한 조직이든 사회든 돌아가는 명시적이든 암묵적인 규율이 있는데, 콜레오네 패밀리에는 그 조직 내에서만 통용되는 규범이 있다. 조직원들은 조직을 위해서라면 목숨을 내놓을 수도 있다. 당연히 조직원은 이 네트워크 안에서 살아간다.

콜레오네 패밀리는 사회적 자본 중에서도 비공식적, 수직적, 결속형 사회적 자본을 가지고 있다. 그 사회에 들어간다면 그 멤버들 사이에서는 믿고 살 수 있다. 극중에서 처음 비토 콜레오네가 집단을 키울 때 완력을 통해서 상인들의 상거래를 보장해주고 대가성 돈을 받는다. 이러한 비공식적, 수직적 사회적 자본은 앞서 이야기했던 사회적 자본의 좋은 결과와는 달리 좋지 않은 결과를 낳기도 한다. 좋은 사회적 자본은 사회 전반적으로 믿고 사는 공동체를 만든다. 반면에 나쁜 사회적 자본은 집단 내의 결속을 깊게 하지만 사회 전반적으로는 병폐이다.

콜레오네 패밀리가 만드는 사회적 자본에서 문제가 되는 것은 부패이다.

같은 집단 내에 속한 멤버들끼리는 법을 어겨도 눈감아준다. 이러한 것이 창궐한 동네가 현재 멕시코이다. 공권력은 공신력을 잃어버리고 시민들은 사당화된 마피아에 의존하고 있다. 나쁜 사회적 자본이 사회에 만연하여 민생을 도탄에 빠뜨리고 있는 것이다.

그리고 이와 같은 사회적 자본은 그 집단에 있는 사람들에게는 큰 위협이다. 앞서 사회적 자본이 충만하면 삶의 만족과 건강을 얻을 수 있다고 이야기했다. 콜레오네 집단 내 사람들은 그럴지도 모른다. 그러나 집단 밖의 사람들은 이 집단 때문에 불안에 떨게 되고, 이러한 상황에서 삶의 만족과 건강은 오히려 악화된다. 마약 카르텔에 속한 사람들은 안전을 보장받을지 모르겠지만 그 외의 사람들은 언제 어디서 생명을 잃을지 모른다는 불안감에 시달려야 한다.

위험에 대처하는 우리의 자세

죠스

1975년에 개봉한 스티븐 스필버그(Steven Spielberg) 감독의 〈죠스(Jaws)〉는 블록버스터 영화의 효시로 평가받는다. 이제는 개봉한 지 오래된 만큼 직접 영화를 보지 못한 사람도 있을 수 있다. 하지만 영화 제목을 모르는 사람은 별로 없다. 영화의 핵심 내용은 간단하다. 인간을 습격하는 상어와 그 상어를 물리치려는 인간들의 사투이다. 박진감 넘치게 연출한 부분을 제외하더라도 영화는 불확실성, 위험 그리고 의사결정에 대한 중요한 생각할 거리를 던져준다.

상어가 관광지를 습격한다

영화는 가상의 관광지 아미티섬(Amity Island)에서 어떤 사람이 수영을 하다가 상어에게 습격당하여 사망하는 것으로 시작한다. 시신이 발견되었지만 일단 사망 원인이 확실하지 않아서 해변은 폐쇄되지 않는다. 하지만 그 후에 상어에 습격당한 희생자 몇이 더 나온다. 이에 아미티섬에 부임한 경찰서장 브로디(Martin Brody)는 이 사건이 상어에 의한 것이라고 추측한다. 그리고 상어 연구자인 후퍼(Matt Hooper)와 함께 원인을 규명해 나간다.

증거는 불충분하지만 정황상 상어라고 확신한 브로디와 후퍼는 시장인 본(Larry Vaughn)에게 알린다. 영화의 배경이 되는 아미티 카운티(Amity county)는 여름에 관광객으로 큰 수입을 얻는 지역이다. 만약 상어가 있다면 해변을 폐쇄해야 하는데 그렇게 되면 지역경제는 큰 타격을 입는다. 이러한 상황에서 상어 출몰의 가능성에 대해 들은 시장은 경제적 피해를 고려하여 해변을 폐쇄하지 않기로 한다. 그 후 독립기념일(7월 4일) 대목을 맞이하여 관광객들이 몰려들고 상어는 계속 사람들을 노리게 된다.

위험이 나쁜 것만은 아니야

우리나라에서도 리스크(Risk)라는 단어를 많이 쓴다. 우리말로 옮기면 위험이다. 위험이란 해로움이나 손실이 생길 우려가 있음 또는 그런 상태를 말한다.[1] 그래서 리스크를 위험이라고만 생각하면 좋지 않은 의미만 떠오른다. 하지만 경제학에서 리스크란 일어날 일 중에서 확률적으로는 어떻게 일어날지 아는 것을 말한다.[2] 그래서 일어날 수 있는 것이 손실뿐만 아니라 이익이 될 수도 있다.

리스크와 같이 많이 쓰이는 용어가 불확실성이다. 리스크와 달리 불확실성은 앞으로 일어날 일을 확률상으로조차 알 수 없음을 뜻한다. 이러한 이

---

1   국립국어원. https://stdict.korean.go.kr/search/searchResult.do
2   이윤수, 「불확실한 상황에서의 의사결정 : 코로나 19 속의 대한민국 교육부 장관의 의사결정을 중심으로」, 『한국사회과학연구』 41(3), 2022, 29~58쪽.

유로 리스크의 경우엔 의사결정자가 확률에 기반하여 비교적 과학적으로 미래를 가늠하고 선택할 수 있다. 각 선택지가 가져올 효용에 확률을 곱해서 큰 것을 선택하면 된다. 하지만 불확실한 상황에서는 더 복잡한 기준으로 의사결정을 해야 한다.

위험에 대처하는 우리의 자세

정부에서 위험하다고 등산길을 막아도 갈 사람은 간다. 그래서 가끔 가지 말라는 곳에서 조난당했다가 구조신호를 보내는 사람이 뉴스에 보도되기도 한다. 반면에 이불 밖은 위험하다는 자세로 웬만한 일에는 보수적인 자세로 임하는 사람도 있다. 이렇게 사람마다 위험에 대처하는 자세는 천양지차다. 가령 상어가 나타날 확률이 10%라고 할 때, 그 정도면 해수욕장을 열어도 된다고 생각하는 사람이 있는가 하면 반대로 절대로 열면 안 된다고 주장하는 사람이 있다. 같은 확률이라도 받아들이는 개인마다 다른 입장을 취하곤 한다.

위험은 불확실한 결과들의 변화의 폭으로 파악할 수 있는데 이 위험에 대한 태도에 따라서 위험선호, 위험중립, 그리고 위험기피로 나누어볼 수 있다. 이 세 가지 태도는 구체적으로 공정한 도박에 대한 태도이다.[3] 공정한 도박이란 순기대치가 0인 기회를 말한다. 갑자기 무슨 도박 이야기를 하는지 의아할 수 있다. 여기에서 도박이란 일종의 비유로서 앞으로 일어날 일을 말한다. 순기대치가 양(+)이면 유리한 도박, 순기대치가 음(-)이면 불리

---

3   박세일, 『법경제학』, 박영사, 2006.

한 도박이 된다. 공정한 도박의 기회가 와도 참여하지 않는 사람은 위험기피적이며 공정한 도박이라면 무조건 참여하는 사람은 위험을 선호한다고 볼 수 있다.[4] 실제로 리스크가 있는 상황에서 결과의 변화 폭이 큰 것을 선호하는 사람이 있다. 즉, 승부사 기질이 있는 사람이다. 반면에 변화의 폭이 적은 것을 좋아하는 위험기피자도 있다.

불확실성하의 의사결정

경찰서장은 마을위원회에서 상어의 출몰을 지적한다. 하지만 실제로 나타날지 여부는 확률적으로 제대로 알 수 없다. 이 마을 사람들은 불확실성에 봉착하게 된 것이다. 이 상태에서 만약에 최종결정자인 시장이 선택할 수 있는 대안이 해수욕장 전면폐쇄(모래사장에도 못 들어가게 함), 부분폐쇄(물에만 못 들어가게 함), 개방, 이렇게 세 가지만 있다고 치자. 그리고 발생 가능한 상황은 상어가 나타나거나 나타나지 않거나이다. 그리고 고려해야 할 성과(Payoff)로 안전을 생각한다고 하자. 그리고 이 안전은 사상자의 수로 계산할 수 있다고 하자.

불확실성에서 의사결정자가 생각할 수 있는 기준은 크게 네 가지다. 우선 최대최대(Maximax)는 미래에 무슨 일이 일어날지 모르지만 상당히 낙관적으로 예상한다. 그래서 성과가 가장 큰 대안을 고르게 된다. 낙관적으로 예상한다는 것은 상어가 안 나타난다고 보는 것이다. 이럴 경우에는 해수욕장을 폐쇄하지 않아도 된다. 반대로 최대최소(Maximin) 기준은 비관적으로 미래를

---

4   이영환, 『미시경제학』, 율곡출판사, 2005.

생각하는 것이다. 즉, 상어가 나타난다고 보는 것이다. 이 경우에 안전만 고려한다면 해수욕장을 폐쇄해야 한다. 이외에도 앞으로 일어날 일을 시나리오로 나누어 각각 동등한 확률을 부여하는 라플라스 기준이 있고 의사결정자의 주관적인 판단을 고려하는 후르비츠 기준이 있다. 사실 안전만 생각한다면 어느 기준으로 하든 해수욕장을 폐쇄하는 것이 옳다. 문제는 사람들마다 다른 기준을 가지고 있다는 것이다.

상충되는 가치는 항상 사회문제로 부각된다. 아미티섬은 여름에 관광수입을 주로 올리는 휴양지이다. 그래서 상어 때문에 해변을 폐쇄하면 주민들에게 큰 타격이 간다. 만약 안정성 가치만 생각한다면 별 고민 없이 해수욕장을 닫았을 것이다. 하지만 현실적으로 경제성이라는 가치가 있었기 때문에 의사결정자는 고민하게 된 것이다.

우선 앞으로 나타날 일을 낙관적으로 생각해보자. 상어가 나타나지 않을 거라고 생각하고 결정하는 것이다. 최대로 얻을 수 있는 성과를 100으로 두고 최저로 얻을 수 있는 성과를 0으로 두겠다. 우선 안전을 기준으로 한다면 전면폐쇄하는 것이 최대수확이다. 그리고 상어가 나타나지 않을 거라는 낙관적인 생각을 하므로 부분폐쇄를 하거나 개방을 하더라도 같은 숫자의 성과 100을 얻게 된다. 문제는 경제가 성과기준이었을 때다. 전면폐쇄하면 최하의 성과를 얻을 수밖에 없다. 반면에 전면개방하면 성과를 최대로 얻을 수 있다. 그리고 부분폐쇄를 했을 때는 0과 100 사이의 성과 A를 얻을 수 있다. 그러므로 최대최대 기준으로 보면 전면개방을 하는 것이 맞다. 아마도 아미티섬에서 장사를 하는 사람들은 이 기준으로 생각해서 전면개방을 주장할 것이다.

최대최대 기준(상어가 나타나지 않는다고 생각)

	안전	경제
전면폐쇄	100	0
부분폐쇄	100	A
개방	100	100

　반면에 앞으로 일어날 일을 비관적으로 생각할 수 있다. 여기에서 비관적인 상태란 상어가 나타난다고 생각하는 것이다. 최대최소 기준에 따르면 일단 비관적인 상태에서 각 대안이 산출할 수 있는 최소값을 생각하게 된다. 그 후 최소값 중에서 가장 큰 대안을 고른다. 전면폐쇄를 한다면 사람이 들어갈 수 없으므로 최소값을 잡는다고 하더라도 안전하다. 즉 전면폐쇄하면 사람이 아예 해수욕장에 들어갈 수 없으므로 100의 안전 성과를 획득할 수 있다. 부분폐쇄하면 괴력의 상어가 나타나 모래사장까지 덮쳐 인간을 공격한다고 해도 물에서 공격당하는 것보다 훨씬 안전하다. 그렇기 때문에 100에 가까운 95 정도의 안전 성과를 얻을 수 있다. 전면개장을 하면 안전의 최소값은 낮을 수밖에 없다. 일단 95보다는 낮은 B라고 두겠다.

　이제 경제성 성과를 최대최소 기준으로 파악해보겠다. 전면폐쇄했을 때 경제성의 최소값은 0이다. 부분폐쇄했을 때는 전면폐쇄했을 때보다는 높지만 전면개방했을 때보다 낮은 최소의 경제성을 취할 것으로 예상된다. 여기에서는 C라고 두겠다. 마지막으로 상어가 나타났을 때 전면개방을 한다면 상어가 나타나지 않았을 때보다 경제성 성과가 적을 것이다. 여기에서는 100보다는 적고 C보다는 큰 D라고 두겠다. 그러므로 경제성을 기준으로 한다면 상어가 나타난 경우에도 얻을 수 있는 최소값이 가장 큰 D, 즉 개방을 선택하게 될 것이다.

최대최소 기준(상어가 나타난다고 가정)

	안전	경제
전면폐쇄	100	0
부분폐쇄	95	C
개방	B	D

이외에도 상황이 어떻게 될지 모르니 확률을 동등하게 나누어서 보는 라플라스 기준으로 상태를 살펴보자. 상어가 나타날 확률을 반, 상어가 나타나지 않을 확률을 반으로 임의로 설정하고 계산하는 것이다. 안전이 기준일 경우에는 B값이 95보다 작을 것이므로 전면폐쇄가 가장 크다. 경제가 기준일 경우에는 (100+D)/2가 가장 큰 숫자일 것이므로 개방을 선택할 것이다.

라플라스 기준(상어가 나타날 확률과 그렇지 않을 확률을 반반으로 가정)

	안전	경제
전면폐쇄	(100+100)/2	(0+0)/2
부분폐쇄	(100+95)/2	(A+C)/2
개방	(100+B)/2	(100+D)/2

최대최대, 최대최소, 혹은 라플라스 기준으로 하더라도 안전을 기준으로 할 경우에는 전면폐쇄, 경제를 기준을 할 경우에는 개방을 해야 한다는 당

연한 결론에 도달하게 된다. 이런 상태에서 가장 중요한 것은 어떠한 가치관으로 문제에 접근해야 하는가이다. 현실에서는 두 가치 중 하나만 견지하기가 어려워서 안전과 경제를 모두 잡으려는 목적으로 부분폐쇄가 일어날 수 있다.

외계인을 관리할 사람을 찾습니다

맨인블랙

탁월한 인재를 구하는 데 혈안이 되는 것은 동서고금 비슷하다. 하지만 그것이 말처럼 쉽지 않다. 일단 훌륭한 인재가 많지 않다는 것은 별론으로 하고, 인재와 조직의 합이 잘 맞아야 하기 때문이다. 어떠한 사람은 A기업에는 별로이지만 B기업에서는 훌륭한 인재로 고려될 수 있다. 그것은 그 기업의 필요가 다르고 그에 따라 원하는 사람도 다르기 때문이다.

1997년에 나온 〈맨인블랙(*Men in black*)〉은 이후 2002년에 〈맨인블랙 2〉 그리고 2012년 〈맨인블랙 3〉까지 흥행한 영화이다. 게다가 2019년에는 기존의 K와 J를 넘어서서 H와 M이 등장하는 〈맨 인 블랙 : 인터내셔널〉이 개봉했다. 이 시리즈는 기본적으로 외계인을 관리하는 사람들 이야기이다. 그중 〈맨인블랙 1〉에서는 조직에 적합한 사람을 채용하는 방법에 대해서 시사하는 바가 큰 내용이 나온다.

외계인을 잡는 인재를 구합니다

K는 그의 파트너인 D가 은퇴한 후에 후임을 찾는 데 고심하고 있었다. 그

러던 와중에 외계인을 추적하는 뉴욕 경찰 제임스 에드워즈(James Edwards)라는 사람을 알게 된다. K는 제임스가 상당한 자질이 있는 것을 보고 MIB 면접에 초청한다. MIB에 초청된 제임스는 무슨 시험인지도 모르고 가서 응시하게 된다. 단독 면접은 아니고 전국적으로 걸출하다고 생각되는 사람들이 응시자로 왔다. 해병대, 공군, 네이비실,[1] 육군 정예요원이라고 할 수 있는 레인저, 육군사관학교 우등 졸업생, 그리고 뉴욕 경찰 제임스가 응시한다.

시험 감독관은 후보자들에게 기동기술(Motor skills), 집중력(Concentration) 그리고 체력(Stamina)을 토대로 인물을 뽑는다고 시험 보기 전에 언질을 준다. 그리고 1차 시험으로 지필고사를 본다. 영화에서 그 필기시험의 내용이 무엇인지는 나오지는 않는다. 다만 다들 책상 없이 의자에 앉아서 시험을 보느라 고생을 한다. 답을 쓰려는데 종이가 연필에 뚫리기도 하고 아예 연필이 부러지기도 한다. 뉴욕 경찰 제임스는 공용 탁자를 가져다가 쓰는 모습을 보여 감독관의 눈에 띈다.

두 번째는 사격시험이었다. 시뮬레이션 사격장에는 많은 괴물들이 나타났고 응시자들은 명쾌한 사격 실력으로 괴물들을 쏘았다. 그런데 제임스만 평온해 보이는 소녀를 쏘아버리고 시험은 급작스럽게 종료된다. 시험 감독관이 왜 순진해 보이는 소녀를 쏘았느냐고 물어보았다. 제임스는 8세 소녀가 정신없는 가운데 이해하지도 못할 것 같은 양자물리학 책을 들고 거리를 활보하는 것이 의심스러워 쏘았다고 대답했다. 그리고 여기서 그의 채용이 결

---

1 네이비실(Navy SEAL)이란 1962년 케네디 대통령이 창설한 해군 특설부대이다. Navy는 해군이고 SEAL은 SEa, Air, Land의 줄임말로, 육해공 모두에서 전투 가능한 사람들을 모아놓은 곳이다.

정된다. 제임스는 고민 끝에 MIB에 입사하기로 마음먹는다. 그리고 제임스 에드워즈라는 이름을 버리고 J로 거듭나서 MIB의 요원으로 활동하게 된다.

J가 활동하는 모습을 보면 그를 잘 뽑았다는 생각을 하게 된다. 만약 MIB에서 지필고사나 구술시험만으로 뽑았으면 이러한 인재를 뽑지 못했을 것이다. 지필고사로 "외계인으로 보이는 인상착의를 다음 중에서 고르세요"라는 문제를 푸는 것과 실제로 인간으로 위장한 외계인을 판별해내는 것은 다른 일이다. 예를 들어 하버드대학교 같은 좋은 학교를 나왔다고 서류만 보고 합격시킨다고 치자. 그렇다고 이 사람이 외계인을 잘 관리할 것이라고 확신할 수 있겠는가.

각 조직에 맞는 인재를 뽑는 데에는 조직마다 다른 기준이 필요하고 이 기준에 맞는 사람을 고르기 위한 채용 방법도 달라야 한다. 세상에는 인재를 채용하기 위한 다양한 방법이 있다. 사람을 파악하기 위해서는 오랜 시간이 필요하다. 인물이 조직과 맞는 성격인지 얼마큼 똑똑한지 혹은 조직에 적합한 가치관을 가지고 있는지 제대로 알려면 몇 년의 시간도 모자랄지 모른다. 인사 담당자 입장에서는 몇 년은 고사하고 며칠의 시간도 부족한 상태에서 인재를 뽑아서 조직에 배치해야 한다. 이러한 상황에서는 될 수 있으면 짧은 시간 내에 후보자를 파악할 수 있어야 한다. 그래서 많은 학자들이 표준화되고 공신력 있는 방법을 만들기 위해 노력했다. 그 어느 방법도 완벽한 것은 없고 장단점이 분명히 존재한다.

인재를 찾아서 : 다양한 검증 방법

채용을 위한 가장 기본 중의 기본은 이력서이다. 대부분의 기관 채용에서 이력서는 기본으로 들어간다. 이력서에는 기본적인 신상명세가 들어 있다. 가장 중요한 것이 경력이고, 학력도 기입한다. 그리고 미국에서는 법으로 엄격히 금지되어 있지만 우리나라에서는 종종 사진, 나이, 종교, 가족사항 같은 정보를 쓰라고 한다. 이 이력서로 소위 기본 스펙을 알 수 있다.

그리고 고려되는 것이 자기소개서 및 지원 동기이다. 물론 이력서만으로도 어느 정도 자기소개가 되지만, 자기소개서에서 자기가 살아온 배경을 서술하면서 일하고 싶은 계기를 설명한다. 구체적으로 살아온 인생에서 업무와 조직과 맞닿아 있는 부분을 부각시키면 눈에 띌 수 있다. 예를 들어 어릴 때부터 외계인을 좋아했다든지, 외계어를 꾸준히 공부했다고 쓰는 것이다. 이를 바탕으로 자연스럽게 MIB 지원 동기를 쓰면 효과적일 것이다.

세 번째가 적성검사다. 직무를 배울 수 있는 능력, 즉 잠재력이 있는지를 확인하는 검사이다. 예를 들어, 우리나라 공무원 1차 시험은 PSAT(Public Service Attitude Test), 즉 공직 적격성 시험이다. 이 시험은 언어 논리, 자료 해석, 상황 판단의 세 부분으로 구성되어 있다. 이 시험을 통해서 공직에 적성이 있는지 확인하는 것이다. 적성검사는 꼭 필기시험으로 볼 필요는 없고 영화에 나오는 것처럼 실기로 봐도 된다.

면접도 인재 채용의 중요한 절차이다. 면접에도 다양한 방식이 있다. 첫째가 정형적 면접이다. 어느 채용 과정에서나 나올 법한, "왜 지원했냐?"라든지 "우리가 왜 당신을 뽑아야 한다고 생각하냐?" 같은 질문을 한다. 지원자는 미리 예상 질문 목록을 준비하면 된다. 영화에서처럼 후보자를 앉혀 놓고 MIB에 대해서 아는 것이 있는지 물어본다든지, 야근을 해야 하는데 가족이 걱정하지 않을까라든지 하는 정형화된 질문이 나올 수 있다. 만약 MIB가 누구나 선망하는 '신의 직장'이라면 아마도 지원자들은 첩보작전을 방불케 하는 탐색을 통해서 예전에 나왔던 면접 기출문제를 준비할 것이다.

다른 면접 형태로 피면접자에게 최대한 의사 표시의 자유를 주고 어떻게 응답하는지 보는 방법도 있다. 가령, 외계인이 뉴저지에 있는 군부대를 습격했는데 어떻게 대처할 것인지에 대해서 자유로운 토론 및 대답을 하게 하는 것이다. 이런 상황에서 후보자가 창의적으로 대답하거나 상황에 능숙하게 대처한다면 좋은 점수를 받게 될 것이다.

스트레스 면접도 있다. 면접자가 피면접자에게 공격적으로 물어보거나 극한의 상황에 처하게 하여 피면접자의 스트레스하에서의 감정 반응을 보는 것이다. 평소에는 누구나 업무를 잘 처리할 수 있다. 하지만 외계인을 관리하다 보면 순간의 판단에 생사가 갈리고 의사결정이 촌각을 다투는 경우도 생길 수 있다. 이러한 상황에서 이성을 잃는다면 제대로 임무를 완수할 수 없을 것이다. 이러한 면에서 스트레스 면접은 피면접자의 진가를 알아볼 수 있는 기회가 된다.

그리고 면접자의 수에 따라 패널 면접의 형태가 될 수 있다. 다수의 면접자가 한 명의 피면접자를 평가하는 것이다. 공개채용은 대부분 이 형태로 진행된다. 면접자가 한 명이면 공정성이나 정확성이 의심될 수도 있다. 그래서 다수의 면접자가 한 사람의 지원자를 집중적으로 질문하고 평가한다.

집단 면접도 주요한 면접 방식이다. 어느 사회조직에서든 팀워크가 중요하다. 아무리 혼자서 일을 잘해도 더 나은 성과를 위해서는 다른 팀원의 협력이 필수적이다. 외계인을 다루는 MIB 같은 조직에서 팀워크의 중요성은 말할 나위가 없다. 그래서 지원자 여러 명을 모아두고 집단별 문제를 주고 자유토론을 하거나 대처 반응을 살펴본다. 예를 들어. 사고를 친 외계인을 잡을 방도를 토론하게 하거나 특정 상황을 주고 어떻게 팀원으로 역할을 하는지 살펴보는 것이다.

평판조사(레퓨테이션 체크)를 통해 후보자의 자질을 평가해볼 수도 있다. 같이 일했던 상사나 동료에게 지원자의 업무 능력이나 성격 등을 물어보는 것이다. 미국에서는 취직이나 이직할 때 추천서가 중요하다. 추천서를 써준다는 것 자체가 후보자를 어느 정도 긍정적으로 평가했다는 의미이기도 하다. 추천하는 사람이 자신의 이름을 걸고 최대한 객관적으로 평가한다면 고용하려는 사람은 추천서를 통해서 지원자의 다양한 면을 알아볼 수 있다.

특히 평판이 아주 중요하게 작용하는 채용 방식이 스카우트 방식이다. 어느 업계나 일하다 보면 뛰어난 사람이 있게 마련이다. 그러면 알게 모르게 입소문이 나게 된다. 채용하려는 사람이 직접 연락하거나 헤드헌터가 연락을 주선할 수도 있다. 이 경우는 공개채용이 아닌 특별채용일 때 적용된다. 그렇기 때문에 과정의 공정성을 중시하여 공개채용을 원칙으로 하는 정부기관에서는 스카우트 방식이 적합하지 않다. 하지만 사기업에서는 종종 이루어지는 채용 방식이다.

아무리 노력해보아도

영화에서 J는 2차 시험에서 바로 발탁된다. 다행히 J는 추후 괄목할 만한 성과를 보이면서 채용이 제대로 되었음을 증명한다. 하지만 현실에서는 면접자들의 각종 편견과 오류로 인해서 제대로 인재를 선발하지 못하는 경우가 허다하다. 면접자가 의도하지 않더라도 인식상의 문제가 있어서 생길 수 있는 점이 있다.

채용하는 주체도 인간인지라 인식의 오류가 있다. 수많은 편견이 있겠지만 가장 쉽게 일어나는 문제로 유사배경(성, 나이, 학교, 인종, 경력, 고향 등)이 객관적인 판단을 흐리게 한다. 확실히 정해진 답이 있는 객관식 시험이 아니고서야 완벽하게 인식의 오류를 차단할 방도가 없다.

이 오류 문제가 중요한 이유는 채용 과정에 비용이 많이 들기 때문이다. 누군가를 면접하고 이야기를 듣는 일은 생각보다 번거로운 일이다. 모르는 사람을 알아가는 것이 꽤나 피곤하기 때문이다. 정보의 비대칭성을 허물고 바로 적격인 인물을 뽑으면 좋겠지만 쉽지는 않다. 간신히 채용했는데 생각보다 일을 못하거나 조직에 적응을 못 하거나 불화를 일으키면 뽑지 않은 것만 못한 결과가 된다.

이상적으로 탁월한 인재를 뽑았다고 치자. 그런데 성과도 좋고 성격도 좋은 훌륭한 인재가 다른 곳으로 금방 떠나는 것도 문제다. 동료에게 정을 주고 같이 협업하려고 했는데 이직해버리면 남아 있는 입장에서는 허탈한 감도 없지 않다. 물론 그 후임자를 뽑는 데 또 시간과 노력을 들여야 한다. 그리고 전임자만큼 뛰어난 사람을 발견하지 못했을 때는 실망하기도 한다. 그래서 조직에 비해 너무 과도한 조건을 갖춘 인재를 뽑는 것도 문제가 될 수 있다. 가령, 중학교 1학년 수학 보조교사를 뽑는데 MIT 수학과를 수석졸업한 사람을 뽑을 필요는 없는 것이다.

인사가 만사라는 말이 있다. 아무리 인공지능이 발전하더라도 아직은 인간이 조직을 움직이는 주체이다. 그리고 우리가 일을 하는 것은 기계가 아닌, 우리 인간을 위한 것이다. 그러한 의미에서 적합한 인재를 알맞은 곳에 일하는 것은 개인에게도 조직에게도 그리고 사회에게도 바람직한 일이다.

핵무기를 잠재울 소금

핵이 사람을 향해 사용된 것은 미국이 일본 나가사키와 히로시마에 떨어 뜨린 것이 전부다. 하지만 핵은 그 놀라운 파괴력으로 늘 공포감을 주었으 며 영화의 단골 소재로 등장했다. 영화 〈솔트(*Salt*)〉도 핵의 위험에 대해서 이야기한다.

러시아는 살아 있다

영화는 북한에서 시작한다. 북한에서 스파이 혐의로 고문을 받던 CIA 요 원 이블린 솔트(Evelyn Salt)는 포로 교환 형식으로 간신히 북한을 벗어나 미국 으로 돌아온다. CIA로 복귀한 솔트가 러시아인 올레그(Oleg Vasilyevich Orlov)를 취조하는 도중에 올레그가 솔트에게 아는 체를 하자 CIA 직원들이 솔트를 의심하기 시작한다. 의심을 받고 감금된 솔트는 갑자기 탈주하고, 나중에는 미국에 방문한 러시아 대통령을 암살한다.[1] 원래 솔트는 러시아에서 미국을

---

1   나중에 밝혀지기를 러시아 대통령을 암살하는 것처럼 보였지만 죽이지는 않았다.

붕괴시키려고 조기교육을 받은 인간병기였다. 하지만 전체주의적인 신념 일변도였던 그는 결혼 뒤 변화했다. 그래서 미국을 붕괴시키는 것처럼 보이지만 사실은 붕괴를 막는 일을 하는 것이다.

그 와중에 미국에서 일어난 러시아 대통령의 암살 사건으로 러시아에서는 핵무기를 준비한다. 그에 대응하여 미국도 핵무기를 준비한다. 그런데 솔트의 CIA 동료인 테드 윈터(Ted Winter)도 러시아에서 교육받은 스파이였다. 윈터는 대통령 수행원을 모두 사살해버리고, 솔트는 대통령만이 할 수 있는 핵 발사를 시행 직전에 막아낸다.

왜 이름이 솔트?

주인공의 이름 솔트는 사실 1972년에 미국과 소련이 조인한 전략무기제한회담(Strategic Arms Limitation Talks)에서 가져온 것으로 추측된다. 전략병기제한협정의 줄임말이 SALT이기 때문이다. 지금이야 소련이 붕괴된 것이 역사적 사실이지만 붕괴되기 전까지 세계는 긴장을 풀 수 없는 냉전의 시기였다.

역사적인 연원을 좀 더 살펴보자. 2차 세계대전은 1945년에 막을 내렸다. 미국은 나치독일이 핵무기를 갖는 것을 몹시 경계했으며, 영화 〈오펜하이머〉에서도 잘 묘사되어 있듯 막대한 예산을 들여 핵무기 개발에 성공을 한다. 그런데 핵무기를 사용하기 전에 나치독일은 패망해버리고, 미국은 끈질기게 태평양 지역에서 전투를 벌이고 있던 일본에 두 차례 핵무기를 사용한다. 이후 일본은 미국에 항복한다. 이를 통해 인류는 핵무기가 얼마나 가공할 만 무기인지 실제로 깨닫게 된다.

2차 세계대전이 끝난 후에 세계는 미국을 비롯한 자유민주주의 진영과 소련을 위시한 공산 진영으로 재편된다. 그리고 미국과 소련의 대치의 핵심에는 핵무기가 있었다. 두 나라 모두 핵무기 생산에 몰두하고 공히 수천 개가 넘는 핵탄두를 만들어낸다. 이는 전 인류를 멸하고도 남는 숫자의 핵무기이다. 이러한 상황에서 세력다툼도 중요하지만 인류의 영속적인 번영을 위해서라도 핵무기 수를 줄이는 것이 중요하다는 공감대가 형성되었다. 그래서 1972년 미국의 닉슨(Richard Nixon) 대통령과 소련의 브레즈네프(Leonid Brezhnev) 서기장이 만나서 핵무기를 줄이자는 협정에 서명한다. 그것이 SALT이다. 그 후, 협약을 공고히 하기 위한 SALT 2를 1979년 미국의 카터(Jimmy Carter) 대통령과 브레즈네프 서기장이 체결한다. 이 협정은 1982년 전략무기감축협정(Strategic Arms Reduction Talks: START)으로 나아간다.

핵무기 감축 회담은 미국과 소련의 핵무기 감축에는 약간 도움이 되었다. 하지만 핵무기의 전 세계적인 확산에는 도움이 되지 못했다. 핵무기는 그 가공할 만한 영향력으로 인하여 하나만 가지고 있더라도 큰 위험이 된다. 국제사회는 북한이 핵무기를 가지는 것을 막으려고 무던히 애를 썼지만 성공하지 못했다. 왜 핵무기를 제거하는 것은 이렇게 어려운가?

게임의 성격

핵무기와 관련하여 가장 많이 논의되는 이론이 게임이론이다. 이 이론에서 게임의 구성요소는 ① 경기자, ② 경기의 순서, ③ 게임 도중 각 경기자가 알고 있는 정보에 관한 묘사, ④ 매 시점에 각 경기자가 취할 수 있는 행동 혹은 전략 ⑤ 경기자들의 행위에 따라 생길 수 있는 결과 ⑥ 결과의 실현

으로 각 경기자가 누리게 되는 보수가 있다.[2]

영화 속에서 경기자는 미국과 러시아다. 그리고 경기 순서에 따라서 게임은 순차적(Sequential) 게임과 동시적(Simultaneous) 게임으로 나뉜다. 정보에 관련해서는 첫 번째로 완전정보(Perfect information)과 불완전정보(Imperfect information)로 나누어 볼 수 있는데 이는 각 경기자가 전략을 선택할 때 상대방이 어떠한 행동을 취하는지 아느냐 여부에 달려 있다. 두 번째로는 완비정보(Complete information)와 비완비정보(Incomplete information)로 나누는데 이는 상대방 경기자의 특성 혹은 유형을 아느냐 모르냐에 따른 구분이다. 전략은 순수전략과 혼합전략으로 나눠 볼 수 있다. 순수전략은 일어날 개연성이 있는 모든 경우에 대해서 해당 경기자가 취할 행동의 완전한 계획을 말하고, 혼합전략은 경기자의 여러 개의 행동 가운데 하나를 선택하되 주어진 확률분포에 따라서 임의로 택하는 것을 말한다. 마지막으로 보수는 대부분 기대효용으로 계산할 수 있다. 기대효용은 기대결과에 확률을 곱해서 나오는 것이다.

게임이 한번만 벌어지는지 아니면 반복적으로 벌어지는지에 따라 게임의 양태가 달라진다. 그리고 상대방이 바뀌는지 바뀌지 않는지에 따라서도 달라진다. 게임의 규칙이 정해져 있는지 아니면 바뀔 수 있는지도 중요하다. 그리고 합의가 강제될 수 있는지도 중요하다.

핵무기를 제거할 수 없는 이유

핵무기를 줄이기가 어려운 이유는 한쪽은 없애는데 한쪽이 없애지 않으

2　김영세, 『게임이론 : 전략과 정보의 경제학』(4판), 박영사, 2008.

면 제거한 쪽이 훨씬 불리하기 때문이다. 그리고 가장 중요하게는 상대를 믿지 못하기 때문이다. 미국이 통 크게 핵무기를 제거한다고 가정하자. 그런데 러시아가 핵무기를 제거하지 않는다면 미국은 큰 위기에 처하게 된다. 러시아도 마찬가지다. 러시아가 핵무기를 제거했는데 미국이 핵무기를 포기하지 않는다면 러시아는 큰 위기에 처한다. 그래서 두 나라 모두 핵무기를 제거하지 못하는 상태가 된다. 결국 두 나라는 다른 곳에 유용하게 쓸 수 있는 돈을 핵무기 발전에 사용하고 전체적인 후생은 줄어들게 된다. 이러한 상황은 죄수의 딜레마(A prisoners' dilemma)로 설명할 수 있다.

서로 교류할 수 없는 상태의 죄수가 두 명 있다고 가정하자. 그 상태에서 경찰관은 두 죄수에게 죄를 추궁한다. 각 죄수에게는 두 가지 선택지가 있다. 하나는 죄를 인정하는 것이고 다른 하나는 부인하는 것이다. 이 상황에서 죄수가 어떻게 하느냐에 따라 결과가 달라진다. 둘 다 죄를 인정하면 둘 다 5년 징역을 살게 된다. 반면에 둘 다 죄를 부인하면 둘 다 1년을 옥살이한다. 그리고 한 사람은 자백하고 다른 한 사람은 부인한다면 부인한 사람은 바로 방면되고 자백한 사람은 10년형을 살게 된다. 이러한 상황에서 죄수는 심문에 응해야 한다. 총형량을 최소화하려면 둘 다 부인하는 것이 최선의 선택이긴 하다.

		죄수 2	
		부인	자백
죄수 1	부인	둘 다 1년형	1은 방면, 2는 10년형
	자백	1은 10년형, 2는 방면	둘 다 5년형

이 죄수의 딜레마에는 세 가지 특징이 있다. 첫째, 각 행위자에게는 두 가지 선택의 여지가 있다. 둘째, 각 행위자는 우월전략(A dominant strategy)이 있다. 셋째, 우월전략으로 나온 결과가 그렇지 않은 선택으로 인한 균형보다 더 나쁜 결과를 초래한다.

미국과 러시아는 죄수의 딜레마에 빠져 있다. 일단 두 나라에게는 핵무기를 더 개발하거나 포기하는 선택의 여지가 있다. 그리고 핵무기를 개발하는 우월전략을 가지고 있다. 두 나라가 우월전략인 핵무기 개발을 한다면 두 나라가 핵무기를 포기했을 때보다 좋지 않은 결과를 보이게 된다.

러시아

미국	핵무기 개발	핵무기 포기
핵무기 개발	세력 균형	미국이 러시아 압도
핵무기 포기	러시아가 미국 압도	핵 없는 평화

죄수의 딜레마의 근본 가정 중 하나는 죄수들끼리 상호 의견을 교환할 수 없다는 것이다. 죄수끼리 만나서 이야기를 나눌 수 있다면 어쩌면 둘 다 자백을 하는 결정을 내릴 수도 있을 것이다. 다행히 국제정치에서는 미국과 러시아가 만나서 이야기할 수 있다. 그 과정의 결과가 솔트 같은 협약이다. 서로 신뢰를 가지고 핵무기를 감축하고자 노력하는 것이다. 핵무기를 줄이면 개발하고 유지하는 데 들어가는 비용이 감소하고 전반적인 긴장관계도 완화될 수 있어 다른 경제활동도 더 활발하게 진행될 수 있다.

대화를 통해서 핵무기를 제거하면 좋겠지만 현실주의가 엄존하는 국제정치에서 이야기를 나눈다고 쉽사리 핵무기를 포기할 수는 없는 노릇이다. 물론 유엔 같은 국제기구가 있지만 유엔에도 강대국들의 입김이 강하게 영향이 미치기 때문에 믿을 수가 없다. 상임안보리국가(미국, 영국, 프랑스, 중국, 러시아)를 압도할 만한 강력한 국제기구가 없는 한 앞으로도 핵무기는 있을 것으로 예상된다.

핵무기야 고마워?

영화 〈오펜하이머〉에서 오펜하이머는 핵무기 개발에 성공한 후 인류를 절멸시킬 수 있다는 생각에 회한에 잠기기도 한다. 하지만 가공할 파괴력을 가진 핵무기 덕분에 제3차 세계대전이 없었던 것은 아닐까 하는 반문을 하게 된다. 외교학에는 억지이론(Deterrence theory)[3]이라는 것이 있다. 간단히 말해서 상호확증파괴(Mutually Assured Destruction)할 수 있는 힘이 있기 때문에 섣불리 전쟁을 못 일으킨다는 것이다. 2차 세계대전 이후 소련이 붕괴할 때까지를 냉전시대라고 한다. 이 시기에 열전이 아닌 냉전이 가능했던 것은 핵억지력이 있었기 때문이다.

물론 미국과 소련이 핵무기를 수천 발씩 만들고 관리하느라 더 나은 곳에 쓰여도 될 돈이 국방예산으로 들어간 것은 사실이다. 하지만 핵무기가 주권국가에게는 방어의 핵심이 되는 것도 사실이다. 예를 들어, 우크라이나에게 핵무기가 있었더라면 러시아가 쉽게 공격하지는 않았을 것이다. 아무리 러

---

3 동명의 이론이 범죄학에도 있다. 여기에서는 정치외교학에서 쓰이는 억지이론을 설명하겠다.

시아가 승리를 거둔다고 하더라도 핵무기가 한 번이라도 사용된다면 타격이 워낙 크기 때문이다.

항쟁의 조건

설국열차

지금으로부터 머지않은 미래, 심각해지는 온난화를 막기 위해 인간들은 CW-7이라는 물질을 전면 살포한다. 그런데 의도하지 않게 지구에는 거대한 한파가 왔고, 지구상의 생명체가 절멸할 빙하기가 초래되었다. 몇 안 되는 생존자들이 끝없이 달리는 열차에 올라탔고, 그들이 인류의 최후의 생존자가 되었다.

착취당하는 사람들이 있다

설국열차(Snowpiercer)는 계속 달린다. 그 열차 안에는 계급이 나누어져 있다. 열차의 마지막 칸 사람들은 1등칸 사람들에 의해서 착취당하고 부당한 대우를 당하고 산다. 설국열차 앞 칸 사람들은 유기농 식품으로 밥을 먹는 것도 모자라 크로놀(마약)에 찌들어서 향락을 즐기기까지 한다. 반면에 마지막 칸 사람들은 사람을 잡아먹을 정도의 기근에 시달린다. 열차 정권의 수장 윌포드는 그들에게 바퀴벌레로 만든 단백질을 제공한다. 열차 마지막 칸은 기본적인 존엄이 지켜지지 않은 곳이다. 이러한 상황에서 마지막 칸 사람들은 분노한다. 그리고 1등칸 사람들에게 대항할 계획을 짠다. 하지만 말처럼 쉽지 않다. 1등칸 사람들에게는 무기를 갖춘 경찰 병력이 있다. 그래서 말을 듣지 않으면 무차별하게 폭행을 가한다. 그리고 필요하면 납치하는 것도 마다하지 않는다. 마지막 칸의 사람들은 현실적인 어려움에도 불구하고 주인공인 커티스를 중심으로 항쟁을 도모한다. 그들은 제대로 항쟁을 하지 못한다면 그 후폭풍이 상당히 심하다는 것을 안다. 그래서 철저하게 준비를 하고 때를 기다린다.

이 장면을 보면서 사람들이 언제 항거를 하는지 생각하게 된다. 기본적으로 항쟁을 하여 얻는 것이 잃는 것보다 많아야 항쟁을 시작한다. 항쟁은 주로 공권력을 상대로 하는 행동이기 때문에 참여하는 사람의 피해가 막심할 가능성이 크다. 그래서 항쟁은 말처럼 쉽지 않다. 이미 4년 전의 맥그리거 반란도 진압을 당했기 때문에 현실의 공포는 짙게 드리워져 있다. 게다가 맡은 자리에서 본분에 충실하라는 세뇌교육이 있었고 정권의 앞잡이라고 볼 수 있는 메이슨 총리는 꾸준히 체제를 선전하고 다닌다. 하지만 커티스는 경찰에게 총알이 없을 것이라고 생각한다. 그리고 그 헐거워진 틈을 타서 앞으로 밀고 나간다. 아니나 다를까 체제 수호자들은 마지막 칸 사람들을 폭력으로 응징한다.

폭력에도 불구하고 커티스가 이끄는 마지막 칸 사람들은 앞으로 전진한다. 그런데 물을 공급하는 칸에서 앞으로 더 가야 하는지 논의가 벌어진다. 길리엄은 사람들이 지쳐 있다며 이제 그만 가자고 한다. 하지만 커티스는 앞으로 한 발 더 나아가서 윌포드를 만난다. 윌포드는 질서와 균형을 강조하면서 커티스에게 후계자 자리를 제안한다. 하지만 커티스는 어린아이들이 협소한 공간에서 일하는 모습을 보고 정권을 전복하기로 한다. 그런데 남궁민수는 그것도 넘어서 아예 기차를 멈추고 나가려고 한다.

항쟁은 시민 참여의 일종이다. 정치체계가 일반 시민의 목소리를 반영하지 못했을 때 시민들이 참여하여 자신들의 목소리를 반영시키려는 것이다. 불만족스러운 상황에 사람들은 다르게 반응한다. 영화에서 길리엄, 커티스, 그리고 남궁민수는 폭압에 맞서 시민불복종, 저항, 그리고 혁명이라는 다른 해결책을 가지고 있었다.

길리엄의 입장 : 시민불복종

영화에서 커티스는 윌포드 정권을 완전히 전복하려고 한다. 하지만 꼭 정권을 통째로 바꿀 필요는 없다. 다만 사회에는 여러 법이 있는데 그 법이 못마땅할 수 있다. 그리고 커티스도 머뭇거리는 시점이 여러 번 있다. 특히 물탱크칸에서 커티스가 따르던 길리엄이 이제 그만하자고 말할 때 흔들린다. 나중에 알고 보니 길리엄은 지배자인 윌포드와 친구 이상의 복잡미묘한 사이였다. 길리엄은 문제가 있는 것은 알겠지만 체제를 흔들 생각은 없었다. 그저 꼬리칸 사람들의 생활 상황을 개선하려고 했던 것이다.

시민불복종(Civil disobedience)은 악법으로 판단되는 법을 준수하는 것을 거부하면서 법에 변화를 주는 것을 목표로 한다.[1] 시민불복종권은 정의에 반하는 개별 법제도나 정책의 변화를 목표로 하고 있으며 원칙적으로 비폭력적 방법에 의해 행사될 것을 예정하고 있는 점과 특별한 제약 조건 없이 사회적 갈등 해결 양식으로 폭넓게 사용될 수 있다는 점에서 저항권과는 다르

---

1   이상수, 「간디의 시민불복종」, 『민주법학』 25, 2004, 433~453쪽.

다. 시민불복종은 오늘날 항의시위, 연좌시위, 단식시위, 도로점거시위 등으로 나타난다.[2] 길리엄은 지배층에게 시민불복종의 형식으로 의사를 표현한 셈이다.

커티스의 입장 : 저항

민주주의 국가에서 국가가 국민에게 계약한 대로 행하지 않으면 국민은 저항에 나선다. 우리나라 헌법재판소는 저항권을 "국가권력에 의하여 헌법의 기본 원리에 대한 중대한 침해가 행하여지고 그 침해가 헌법의 존재 자체를 부인하는 경우 다른 합법적인 구제 수단으로서는 목적을 달성할 수 없을 때에 국민이 자기의 권리, 자유를 지키기 위해 실력으로 저항하는 권리"라고 정의한다.[3] 즉 주권자로서의 국민이 헌법적 질서를 유지하고 회복하기 위하여 최후의 비상수단으로서 행사하는 권리를 말한다.

시민불복종은 법치국가에서 합법적인 절차로 정의를 모색하기 어려울 때(예를 들어, 다수결 절차를 통과하기 어려울 때) 시민들이 스스로 옳다고 생각하는 바를 공개적으로 알리기 위해 법을 위반하는 상징적인 항거를 하는 것이다. 그에 반해 저항권을 행사하려면 국가가 총체적인 불법 상태에 놓여 있어야 한다.[4]

저항은 아무 때나 하는 것이 아니라 몇 가지 조건이 있다.[5] 첫째, 저항권

2 박은정, 『법철학의 문제들』, 박영사, 2007.
3 헌법재판소 1997.9.25., 97헌가4
4 이상돈, 『법학입문』(3판), 법문사, 2007.
5 오승철, 「저항권이론의 재조명 : 혁명권, 저항권, 시민불복종의 통합을 향한 탐색」, 『민

은 새로운 헌법을 만들기 위해서가 아니라 현재의 헌법을 수호하기 위한 것이어야 한다. 둘째, 정부가 헌법의 몇몇 개별 조항을 위반하는 것이 아니라 헌법질서 자체를 붕괴시킬 때 사용될 수 있다. 셋째, 저항권의 행사는 목적에 비추어보아서 최소한으로 이루어져야 한다. 예를 들어, 헌법질서를 수호한다는 명목으로 대학살을 저지르면 안 되고 문제되는 점만 해결하고 헌정질서를 수호하는 데 한계를 두어야 한다는 것이다. 넷째, 저항권의 행사는 다른 모든 수단이 통용되지 않았을 때 사용할 수 있다.

영화에 나오는 열차 사회의 헌법이 어떻게 되어 있는지는 알 수 없다. 만약에 우리나라 헌법 11조처럼 "누구든지 성별·종교 또는 사회적 신분에 의하여 정치적·경제적·사회적·문화적 생활의 모든 영역에 있어서 차별을 받지 아니한다"라든지 "사회적 특수계급의 제도는 인정되지 아니하며, 어떠한 형태로도 이를 창설할 수 없다" 같은 조항이 있다면 열차 내 사회에서는 헌법이 부인되고 있다고 볼 수 있다. 탄압받는 사람의 입장에서는 헌법의 원칙을 되살리고자 저항할 수 있는 것이다.

남궁민수의 입장 : 혁명

혁명은 기존의 헌법질서를 파괴하고 새로운 질서의 수립을 목적으로 한다는 점에서 저항과는 다르다. 영화에서 커티스가 우두머리만 제거하고 열차 체제를 그대로 두려고 하는 반면, 남궁민수는 아예 체제를 전복시키고 새로운 세상을 꿈꾼다. 아마도 남궁민수는 쳇바퀴처럼 돌기만 하는 열차 체

주법학』 40, 2009, 173~202쪽.

제에는 한계가 분명하다고 인식한 모양이다.

혁명을 쉽게 이해하기 위해 역사적 사건을 생각해보자. 혁명의 대명사는 역시 프랑스 대혁명이다. 1789년 대혁명 전까지 프랑스는 절대왕정 국가였다. 지금 자본주의 체제가 아닌 세상을 상상할 수 없듯이 1700년대 사람들에게 왕이 없는 세상은 상상하기 어려운 것이었다. 나라에 따라 다르겠지만 프랑스의 경우 꽤 괜찮은 왕들이 나라의 기틀을 잡고 융성하게 만들기도 했다. 하지만 루이 16세 시대에 이르러 왕실에서 흥청망청 돈을 쓰고 가렴주구가 극에 달했다. 결국 더 이상 참을 수 없었던 민중이 들고 일어난 것이었다.

처음부터 그들의 혁명이 성공할 거라고 확신할 수는 없었을 것이다. 당시만 해도 왕권이 강성했으니 군대를 동원하여 지금에는 상상할 수 없을 정도로 잔인하게 진압할 수 있었다. 항쟁에서 얻을 수 있는 기대이익보다 감수해야 할 비용이 더 컸다. 하지만 항쟁이 시작되면서 폭압적인 체제를 견딜 수 없다는 데 동조하는 사람들이 기하급수적으로 늘었다. 어느 임계점을 지나자 항쟁으로 인한 기대효용이 비용보다 커졌다. 그러자 더 많은 사람들이 항쟁에 참여하기 시작하였다. 그리고 궁극적으로 왕을 참수시켜버린다. 새로운 세상이 도래하였다. 물론 시간이 지나 나폴레옹이 나타나 황제가 되고 그가 실각한 후에 왕정복고가 되기도 한다. 이에 또다시 프랑스 사람들은 왕정 폐지를 위해 싸우는데 그 과정 역시 녹록치 않았다. 그러나 궁극적으로 공화정으로 체제를 바꾸었다.

영화 〈설국열차〉에서도 한 칸 한 칸 옮겨 가는 데 많은 고생을 한다. 그리고 희생도 컸다. 처음에 같이 항쟁을 시작했던 많은 사람들이 죽었고 주인공과 소수만 살아서 궁극의 지도자인 윌포드를 만난다. 이 모든 일 가운데 그 어느 것 하나 쉽게 해결되지 않았다. 그리고 끝내 윌포드를 제거하였고 기차는 멈추고 새로운 세상을 맞이하게 된다.

새로운 세상으로 진입하는 것은 두렵다. 영화를 보면 기차를 멈추고 눈밭으로 나가더라도 문제가 해결될 것이라는 생각이 전혀 들지 않는다. 그렇다고 윌포드가 후계자 자리를 커티스에 넘기면 문제가 해결될지 안 될지도 확신할 수 없다. 커티스도 권력의 맛을 보고 또 다른 왕이 될 수도 있기 때문이다. 마치 나폴레옹이 황제가 된 것처럼 말이다. 이럴 바에는 아예 기차를 멈추어버리고 새로운 시작을 하는 것이 나을 수도 있겠다.

뭣이 중한디

사실 민주주의가 구현된 것은 아주 최근의 일이다. 아무리 맹자가 기원전에 "백성이 가장 귀하고 사직이 다음이며 군주는 가벼운 것이다"라고 했어도 실제로 그렇게 생각하는 사람은 드물었다. 우리만 하더라도 일제시대까지는 명목적으로라도 민주주의가 없었다. 조선시대까지는 왕이 있었고 조선왕조의 마지막에는 대한제국이라 하여 황제가 있었다. 또한 일본에게 나라를 빼앗겼을 때는 강제로 황국의 신민이 되어야 했다. 광복 후에서야 민주공화국 체제가 처음 나타났다. 그 후 우리나라 현대사는 여러 진통을 거치면서 민주주의를 발전시켜왔다. 앞으로도 진통을 통해 나아갈 것이다.

무엇이 민주주의냐에 대한 생각은 아주 다르다. 스페인에서 생각하는 민주주의와 중국에서 생각하는 민주주의는 다르다. 이제 아무리 독재국가나 전체주의 국가라 할지라도 민주주의 자체를 부인하는 경우는 없다. 중요한 것은 정말 일반 사람들이 두려움 없이 목소리를 낼 수 있는가이다.

외로운 협력자

더 배트맨

DC코믹스의 대표 캐릭터인 배트맨은 1939년에 처음 등장한 이후 지금까지 고담시(Gotham City)를 지켜가며 시민들의 사랑을 받고 있다. 마이클 키튼(Michael Keaton), 크리스천 베일(Christian Bale) 같은 쟁쟁한 배우에 이어서 배트맨 역할을 맡은 로버트 패틴슨(Robert Pattinson)은 여전히 어두운 표정으로 고담시의 악의 무리와 싸운다.

2022년에 개봉한 〈더 배트맨(*The Batman*)〉에서 배트맨은 리들러와 맞서게 된다. 리들러는 살인뿐만 아니라 이름 그대로[1] 여러 수수께끼를 내며 고든(James Gordon) 반장과 배트맨을 곤혹스럽게 한다. 여러 역경에도 불구하고 배트맨은 고든 반장과 협력하며 리들러를 일단 감옥에 가두는 데 성공한다.

배트맨, 리들러 누가 비질란테인가?

자경단이라고 불리는 비질란테(Vigilante)는 우리나라에서는 아예 웹툰과 드

---

1   리들(Riddle)은 수수께끼라는 뜻이다.

라마 제목으로도 나올 정도로 인상적인 소재다. 이상적인 사회에서는 범죄를 저지른 사람이 체포되고 상응하는 벌을 받는다. 하지만 고담시의 현실은 이와는 거리가 멀다. 범죄가 일어나는 동안 경찰은 눈 씻고 봐도 없고, 범죄가 일어난 후에도 범죄자는 구속되지 않는다. 심지어 체포되더라도 법정에서 풀려난다. 이런 경우가 늘어날수록 사람들은 허탈함, 무력감 그리고 당혹스러움을 느끼게 된다. 당연히 시민들의 경찰에 대한 신뢰는 떨어지기 마련이다. 이런 상황에서 시민들은 각자도생하기 바쁘다. 그럼에도 이러한 현실을 개선해보고자 하는 사람들이 있다. 그중 한 명이 브루스 웨인(Bruce Wayne), 배트맨이다.

배트맨은 누가 시키지도 않았는데 거리의 불량배들을 막아선다. 사람들이 도움이 필요할 때 박쥐 모양의 신호를 하늘에 비추면 배트맨은 출동해서 도와준다. 어느 날 시장인 도널드 미첼(Donald Mitchell)이 살해당하는 사건이 일어난다. 이에 고든이 배트맨의 도움을 요청하고 배트맨이 살인 현장에 나타난다. 배트맨이 현장에 들어가려 하자 마르티네즈(Martinez) 경관이 배트맨을 막으려 한다. 마르티네즈 경관의 행동은 지극히 당연한 것이다. 배트맨은 경찰이 아니기 때문이다. 하지만 특별히 고든 반장이 배트맨을 살인 현장에 들여보내고 배트맨은 자신의 의견을 피력한다. 이때 고든시 경찰청장인 피트 새비지(Pete Savage)가 들어와 배트맨이 비질란테임을 상기시킨다. 그들의 대화를 살펴보면 다음과 같다.[2]

---

2 우리나라 실정에 맞고 이해 가능하게 의역했다. 영화에 나오는 대사는 다음과 같다.
Commissioner Savage: What's going on here?
LT. Gordon: I asked him to come, Pete.
Commissioner Savage: This is a crime scene. It's Mitchell, for chrissakes!! I got the press

새비지 여기 뭔 일이냐?

고든 제가 배트맨에게 오라고 부탁했습니다.

새비지 여기 범죄 현장이라고! 시장이 죽었다고! 언론이 아래층에 깔려 있고. 그리고 내가 너 좀 봐줬잖아. 그런데 이건 선 넘은 거야. 배트맨이 여기 연루되어 있어?

고든 아닙니다. 배트맨은 상관없습니다.

새비지 네가 어떻게 알아? 배트맨은, 제길, 비질란테잖아! 배트맨이 용의자일 수도 있어. 야, 너 나한테 어떻게 이럴 수 있어? 우리 한때 파트너였잖아.

비질란테란 무엇인가? 레지나 베이트슨(Regina Bateson)[3]은 비질란테에 대해 공격의 초법적인 방지, 조사, 그리고 처벌(the extralegal prevention, investigation, or punishment of offenses)이라고 보았다. 우리나라에서는 자경주의, 자경단, 자경원이라는 의미로 쓰인다. 법적인 권한 없이 법 집행을 수행하는 개인 또는 그러한 개인들의 집단이라는 것이다.[4] 배트맨도 자경원이다. 고담시는 범죄로 얼룩져 있다. 그런데 공권력은 제대로 대처를 하지 못하는 상태이다. 그런데 경찰공무원도 아닌 배트맨이 어둠 속에서 범죄자들을 소탕하고 있는

downstairs. You know, I cut you a lot of slack, Jim because we got history. But this is way over the line. Wait. He's involved in this?

LT. Gordon: No, he's not involved.

Commissioner Savage: How do you know? He's a goddamn vigilante! He could be a suspect! What are you doin't to me? We used to be partners.

3 자세한 것은 Bate, *The politics of vigilantism*, Comparative Political Studies, 54(6), 2021, pp.923~955.

4 정상익, 「자경주의의 의미와 적용에 관한 연구」, 『연세법학』 44, 2024. 31~73쪽.

것이다. 물론 우리는 배트맨의 선의를 알고 있다. 그리고 공권력이 해결하지 못하는 문제를 배트맨이 해결해주어서 쾌감을 느끼기도 한다. 그렇다면 자경단은 널리 허용되어야 하는게 아닌가 싶기도 하다. 하지만 그렇게 되면 사회정의를 세운다고 너도 나도 자신의 기준에 입각하여 폭력을 행사할 수 있다. 예를 들어, 리들러 입장에서도 자신이 비질란테라고 생각할 수 있다. 그는 시장이 부패했다고 생각하고 죽인다. 그런데 극히 명백한 현행범이 아닌 이상에는 그렇지 않을 수도 있다. 그렇기 때문에 법적인 제도가 마련되어 있는 것이다. 이 제도를 통해 우선 사실관계를 정확히 하고 실제로 범죄가 있었다면 왜 그런 일이 있었는지 명백히 밝혀야 한다. 왜냐하면 누군가의 사주를 받고 범죄를 저지를 수도 있기 때문이다.

예상치 못한 피해자 발생과 극도의 사회 혼란을 막기 위해서 법치주의 국가라면 자력 구제를 금지하고 있다. 이론적으로는 자력 구제는 있어서는 안 된다는 점을 받아들일 수도 있다. 하지만 종종 극악한 범죄자가 법망을 빠져나가서 응당의 대가를 치르지 않는 경우가 있다. 우리나라 같은 경우에는 사형 집행이 이루어지지 않은 지 20여 년이 넘었다. 그런데 죽어 마땅한 사람들이 잘 먹고 잘 살고 있으니 피해자뿐만 아니라 사회구성원들도 좌절하게 된다. 그래서 사람들은 배트맨같이 법망을 넘어서서 정의를 실현해줄 사람이 나타나기를 바란다. 하지만 법치주의 사회에서 배트맨은 권한이 없는 폭력을 행사한 또 다른 범죄자에 불과하다.

정의 실현의 열망이 불충분한 법질서를 만났을 때 비질란테가 나온다. 법은 대중의 마음과 달리 천천히 실현된다. 일단 지방법원-고등법원-대법원으로 이루어진 3심제도가 있다. 이는 혹시 억울한 사람이 나오는 것을 방지하기 위함이다. 3심 모두 진행될 경우에 재판 과정만 1년은 쉽게 넘어간다.

이 때문에 사람들의 눈에 이 제도는 범죄자를 지켜주는 구차스러운 사회적 제도라고 여겨진다. 더 사람들을 화나게 하는 것은 부유하고 권력이 많은 사람들은 유능한 변호사를 대규모로 고용해서 무죄 판결을 받기도 한다는 사실이다. 아마도 이러한 이유로 영화의 리들러는 시장이 기소되더라도 무죄 판결을 받을 것이라 생각하고 처단했을 것이다.

배트맨이나 리들러는 개인적으로 행동한 것이지만 누군가 자경단을 꾸려서 수십 명씩 끌고 다니며 자신이 세운 기준으로 사람들에게 폭력을 가한다면 사회는 두려움으로 가득 찰 것이다. 예를 들어 노예해방 후에 미국에서 성행했던 KKK(Ku Klux Klan)는 법으로 폭력을 금지했는데도 흑인들에게 린치를 가했으며 흑인을 도와주는 백인도 괴롭혔다. 이런 상황을 생각하면 비질란테를 인정할 수는 없다. 결국 해결책은 재판을 더 공정하고 신속하게 하는 것밖에 없다.

민관(배트맨-고든)이 손을 잡고

고든 반장과 배트맨의 협업은 공동생산(Coproduction)으로 볼 수 있다. 공동생산이라는 개념은 엘리너 오스트롬(Elinor Ostrom)이 시카고 일대의 범죄를 연구하면서 경찰의 힘만이 아닌 지역공동체의 협력이 필요하다는 결론을 내린 데서 나온 개념이다. 범죄를 소탕하는 데 시민의 협력은 중요하다. 시민들이 도움 없이 경찰의 힘으로만 범죄를 억제하려면 감시국가가 될 수 있다. 그런 결과는 시민들도 원치 않을 것이다.

공동'생산'이라고 해서 실제로 스마트폰이나 자동차 같은 물품을 만들 필요는 없다. 사실 정부가 하는 일은 대부분 서비스의 형태로 나타난다. 국방이라든지 치안, 보건의료 같은 것이 서비스의 형태로 나타나고 물품은 사기업에 위탁생산하거나 조달청에서 구매한다. 그래서 여기에서 공동생산이라고 하면 대체로 공동으로 서비스를 제공한다는 의미다.

'공동'이란 원래 서비스 제공자인 정부와 서비스 소비자인 시민이 같이 서비스를 만든다는 의미이다. 오래전 왕정국가나 비민주국가에서는 정부가 제공하는 서비스를 시혜라고 생각했다. 하지만 민주국가에서 국가는 공공서비스를 제공하는 주체이다. 그런데 문제는 정부가 정확하게 시민이 무엇을 원하는지 알 수 없다는 것이다. 알고 싶다면 시민들에게 일일이 물어 가야 하므로 비용이 많이 든다. 차라리 시민들의 의중을 정확히 알 수 있게 하는 방법이 공동생산이다. 실제로 시민이 공공 서비스를 창출하는 데 참여하므로 원하는 바를 정확히 알 수 있다. 그래서 공동생산으로 정부의 대응성(Responsiveness)이 개선될 수 있다.

또한 공동생산이 중요하게 여겨진 것은 시민들이 정부가 예산을 많이 쓰는 것을 원치 않기 때문이다. 정부가 운영하는 예산의 대부분은 시민들의 세금으로 충당된다. 서비스 이용자인 시민이 세금의 형태로 돈을 내고 정부가 그 세금을 예산으로 융통하여 서비스를 제공한다. 만약에 안전한 치안을 위해서 경찰 수를 늘리고 경찰 시설을 고도화한다면 당연히 돈이 필요하다. 하지만 시민들은 안전한 치안을 원하면서도 세금을 더 쓰는 것을 원치 않는다. 시민이 직접 참여하여 정부가 하는 일을 부담한다면 다른 조건이 동일할 때 예산이 적게 들 수 있다.

우리 모두 배트맨

배트맨은 외로운 사람이다. 그는 어려서 부모가 괴한의 손에 죽임을 당하는 것을 두 눈으로 똑똑히 목도하였다. 그 후 자신을 스스로 고립시키고 성장하였다. 그리고 혼자서 악당의 무리를 처단하고 다닌다. 그의 실상을 아는 사람은 웨인 집안의 대소사를 처리하는 알프레드(Alfred Pennyworth) 정도밖에 없다. 하지만 사실 배트맨은 혼자일 필요는 없다. 시민들이 배트맨이 될 수 있다.

이와 관련된 것이 자율방범대이다. 자율방범대는 지역사회 구성원이 범죄 예방 활동을 위해 자발적으로 참여하여 구성 운영되는 자율봉사단체이다.[5] 실제로 자율방범대가 수사를 진행하는 것은 아니다. 시민 자율순찰은 지역민들이 각자의 거주지역을 계획적으로 순찰하는 것을 의미하는데 경찰의 기능을 보완한다.[6] 경찰이 아닌 시민들이 공동체의 안녕을 위해서 자율방범대에 가입하고 활동하는 것이다. 물론 배트맨처럼 멋진 배트카는 없겠지만 배트맨보다 더 효과적으로 안전한 사회를 만들 수 있다.

그리고 공동생산이 사회 안전 쪽에만 국한될 필요는 없다. 예를 들어, 돌봄 서비스도 공동생산이 가능하다. 시민 모두가 정부의 개입을 원하는 것은 아니다. 왜냐하면 관공서가 가지는 이미지에 거부감이 들 수 있기 때문이다. 하지만 정부가 독단적으로 각종 육아, 노인보호를 도와주는 것보다는

5　박여주, 「1인 가구 밀집 지역에서의 스마트폰 앱을 활용한 자율방범대 순찰 활동의 효용성 및 지역 치안 개선 방안」, 『한국경찰학회보』 24(6), 2022, 1~24쪽.

6　김인, 「경찰서비스 공동생산의 효과 : 자율방범활동을 중심으로」, 『한국행정학보』 31(4), 1997, 77~94쪽.

복지서비스의 대상의 이웃과 같이 협업한다면 덜 강압적인 양태로 시민들에게 도움을 줄 수 있다. 우리나라의 경우에는 통장(統長)이라는 존재가 있다. 공무원이 아닌 시민의 신분으로 지역 행정기관 공무원들과 협업하여 동네의 일을 처리한다. 예를 들어, 동네에 사는 독거노인의 행적을 알아본다든지, 주변에 쓰레기가 있으면 관청에 신고한다. 이 작업을 공무원이 모두 한다면 시민들에게 다소 위협적으로 느껴지기도 하고 예산도 많이 든다. 하지만 통장이 할 경우에는 동네 사람의 신분이기 때문에 덜 위협적이고 소정의 금액만 받고 활동하기 때문에 예산도 덜 든다. 이러한 면에서 통장은 정부와 시민의 가교 역할을 하는 공동생산의 예라고 볼 수 있다.

공동생산이 늘 바람직한 결과를 낳는 것은 아니다. 선량한 시민과 공익을 위해 살아가는 공무원만 있는 것이 아니기 때문이다. 자신의 이익을 위해서 공동생산을 의도하는 시민도 있을 수 있고, 이를 기회로 활용하는 공무원도 있을 수 있다. 이 경우에는 부패가 일어날 수 있고 이를 공동오염(Co-contamination)이라고 한다.

문제는 공동생산과 공동오염을 구분하며 행할 수 없다는 것이다. 예를 들어, 우리는 배트맨이 선량한 의도로 경찰과 협력하는 것을 안다. 하지만 누군가 악의를 품은 사람이 경찰력을 무력화시키고 정보를 빼내기 위해서 협력하는 척할 수도 있다. 그래서 공직자가 아닌 사람을 쉽사리 공동생산에 참여시킬 수 없다. 이러한 이유로 최소한의 참여 조건과 검증 작업이 있어야 할 것이다. 그렇지 않으면 오히려 공동생산을 하지 못함만 못하게 된다.

정부와의 계약을 읽어보아요

브이 포 벤데타

    때때로 정부가 시민들을 도와주기 위해 존재하는지 아니면 괴롭히기 위해 존재하는지 구분하기 힘들 때가 있다. 시민들과 정부간의 관계에 대해 진지하게 생각하게 하는 영화 〈브이 포 벤데타(V for vendetta)〉는 20여 년 전에 개봉했지만 과거, 현재 그리고 미래에도 유효한 생각할 거리를 던져준다.

기억하라 그날을

    매년 11월 5일, 영국은 불꽃놀이로 시끄럽다. 가이 포크스(Guy Fawkes)의 날이기 때문이다. 가이 포크스(1570~1606)는 1605년에 국왕 제임스 1세를 제거하기 위해 국회의사당을 폭파하려 했던 인물이다. 그의 음모는 실패하고 그는 사형을 당한다. 그러나 가이 포크스의 모습은 시간이 흘러 권력에 항거하는 상징으로 남았다. 영화 〈브이 포 벤데타〉의 브이(V)는 이 가이 포크스 가면을 쓰고 수상인 서틀러(Sutler)에 항거한다.

    이 영화는 가상의 상황을 그린 것이지만 서틀러라는 이름이 히틀러와 발음이 비슷하고 정권을 상징하는 문양도 비슷한 것으로 보아 히틀러를 상정하고 영화를 만든 것 같다. 영화에서 서틀러는 치명적인 바이러스를 만들어서 사회에 공포감을 조성한다. 그리고 반대하는 사람들을 가차 없이 탄압한다. 주인공인 이비(Evey)의 부모님도 그렇게 끌려가서 사라진다. 이 영화의 뼈대에는 압제하는 서틀러와 그에 항거하는 브이(V)가 있다. 물론 서틀러 정부는 국민을 위한다고는 하지만 사실 국민을 감시하고 착취한다. 이 지점에서 우리는 정부가 왜 있는지에 대한 근본적인 의문을 가질 수밖에 없다.

사회계약의 3인방 : 홉스, 로크, 루소

정부는 왜 생겼는가? 인간은 정착 생활을 하기 전에는 먹을 것을 찾아 여기저기를 옮겨다녔다. 이러한 상황에서는 특별히 국가라는 조직체가 필요 없었다. 그저 몇 명의 사람이 규합해서 사냥감을 잡고 주린 배를 채우면 그만이었다. 시간이 흘러 인간은 농경에 눈을 뜨고 농산물을 저장하는 법을 터득하면서 정착 생활을 시작하였다. 이 정착 생활로 무리를 지어 사는 규모가 점차 커졌다. 이렇게 커진 공동체에는 규율이 필요했다. 그리고 이 규율을 정하고 지키게 하는 사람이 생겼다. 그 결과 지배하는 자와 지배받는 자가 생기게 되었다. 작은 규모로는 한 부족을 이끄는 추장부터 크게는 광대한 영토를 지배하는 제국의 황제가 생겨났다.

지배-피지배 관계가 확립된 후 시간이 오래 지나면서 지배자는 응당 지배하고 피지배자는 지배당하는 상황이 공고화되었다. 지배자가 너무 가혹하게 피지배자를 처우하면 몇몇 피지배자는 근본적으로 그 관계가 잘못되어 있는 것이 아닌가 생각하게 된다. 그리고 피지배자는 지배자에 대한 생각을 달리하게 된다. 이러한 변화를 토대로 정부는 시민과의 계약에 따라 운영되는 조직체라는 근대적인 개념이 나타난다. 소위 사회계약론을 생각한 사람에는 홉스, 로크, 루소가 있다.

홉스의 견해

사회계약의 이론적 배경을 세운 것은 영국의 토머스 홉스(Thomas Hobbes, 1588~1679)다. 홉스는 기본적으로 정부가 없는 자연의 상태를 "만인에 대한 만인의 투쟁 상태(A state of war of all against all)"라고 보았다. 그래서 정부가 없을 때의 사회는 마치 정글처럼 힘이 강한 사람이 약자의 권익을 무참히 빼앗을 수 있다고 보았다. 이러한 무법천지의 상태를 방지하고 질서 있는 상태를 만들기 위해서 시민들은 리바이어던(Leviathan)이라는 존재를 옹립하여 질서를 잡는다고 생각했다.

리바이어던 같은 통치자는 강력한 통치권을 가지고 있고 시민들은 이 통치자의 명령에 복종해야 한다. 지금 우리가 생각하는 삼권분립으로 견제되는 것은 아니었다. 홉스는 권력의 공백이 극도의 혼란을 가져오기 때문에 안정감을 위해서 리바이어던이 필요하다고 본 것이다. 이런 면에서 러시아인들이 푸틴(Vladimir Putin) 대통령을 지지하는 이유를 찾을 수 있다. 1990년대 소비에트 연방(소련)이 붕괴되고 자본주의와 민주주의로 러시아는 급격한 체제 변화를 경험하였다. 문제는 급작스러운 변화와 리더의 무능으로 사람들은 큰 혼란을 느꼈다는 사실이다. 옐친 대통령 이후에 집권한 푸틴은 혼란을 잠재웠다. 그래서 자유가 억압당하더라도 혼란을 싫어하는 사람들은 푸틴을 리바이어던이라고 생각하고 지지하는 것 같다.

다시 홉스로 돌아가서 논의를 이어가보자. 홉스는 시민들의 동의를 토대로 권력이 위임된 경우에는 군주제도 인정했다. 이렇게 보면 원래 있었던 왕들을 지지하는 것과 전혀 달라 보이지 않는다. 그렇다면 홉스는 그저 왕을 지지하는 그저 평범한 사람이었을 것이다. 홉스의 주장이 기존의 주장과 차이를 보인 것은 왕이 신이 점지한 존재가 아니라고 본 점이다. 지금이야 왕권신수설을 받아들이는 경우가 매우 적지만 홉스가 살아 있을 때만 하더라도 왕을 절대적인 존재로 받아들이는 것이 더 자연스러웠다. 특히 홉스가 살아 있을 때 재위했던 왕인 제임스 1세는 이 왕권신수설을 즐겨 사용하며 신 외에는 자신의 행위에 대해 책임을 지지 않는다고 했다. 이러한 상황에서 왕권신수설을 부인하는 홉스의 주장은 상당히 파격적으로 받아들여졌다.

왕권신수설이 무서운 것은 지배자에 대한 불복종이 바로 신에 대한 불복종으로 이어지기 때문이다. 왕은 자신의 말에 거역하는 사람을 신을 거부한 사람으로 몰아붙이며 탄압할 수 있다. 하지만 홉스는 공권력이 피지배자들의 동의로부터 시작된다고 보았다. 리바이어던도 피지배자들이 원했기 때문에 등장한 것이지 신이 내려보낸 존재가 아니라는 것이다. 그래서 아무리 강력한 리바이어던이라도 제대로 임무를 수행하지 않는다면 국민이 들고일어날 수 있다고 보았다. 이렇게 사회계약에 대한 생각이 움트게 된다.

〈브이 포 벤데타〉의 서틀러는 리바이어던이라고 볼 수 있다. 그는 무자비한 공권력의 사용으로 사회질서를 유지한다. 하지만 서틀러는 신이 보낸 대리인이 아니다. 그가 가진 공권력은 시민들로부터 나온다. 아무리 시민들이 사회안정을 원한다고 하지만 그 안정을 위한 비용이 너무 크면 권력을 다시 회수할 수도 있다. 영화에서도 사람들이 사회안정이라는 이름으로 희생된 자유에 목마름을 느끼고 브이에 동조했기에 서틀러 정권은 몰락한다.

로크의 생각

존 로크(John Locke, 1632~1704)는 홉스와는 달리 리바이어던의 존재를 상정하지 않는다. 홉스는 기본적으로 정부가 없는 자연상태에서는 사람들이 상대방을 해칠 수 있다고 믿었다. 홉스가 성악설을 가정하고 리바이어던을 내세운 반면, 로크는 자연상태에 대해 다르게 생각했다. 로크는 자연상태가 서로 평등한 상태라고 보았다. 그렇다면 의문이 들 수 있다. 스스로 평등하다면 왜 정부가 필요한 것일까? 로크에 따르면 평등하게 권리를 행사할 수도 있지만 그 상태가 불확실하기 때문에 정부가 필요하다. 그리고 자연상태에서는 옳고 그름을 판단하는 기준이 없다. 또한 자연상태에는 공정하게 다툼을 해결할 수 있는 재판관이 없다. 그리고 올바른 판결이 있더라도 강제할 수 있는 공권력이 자연상태에는 없다.[1] 로크는 사람들에게는 이성(理性)이 있다고 믿었다. 다만 정부가 없으면 개인 간의 합의가 이루어질 때까지 혼란이 생길 수 있었다. 이러한 상황에서 좀 더 질서 있는 사회를 위해서 시민이 정부와 계약을 맺는 것이다.

홉스는 국가와 시민이 통치계약을 맺는다고 생각한 데 반해 로크는 국가와 시민이 좀더 동등한 입장에서 사회계약을 맺는다고 보았던 것이 둘 사이의 가장 큰 차이점이다.[2] 로크의 주장에 따르면 국가는 시민에게 일방적으로 권력을 강제하는 것이 아니라 시민 사이의 분쟁을 잘 분별할 수 있는 심판 같은 역할을 하는 것이다.

---

1   존 로크, 『통치론』, 강정인 · 문지영 역, 까치, 1996.
2   송규범, 「존 로크의 계약사상」, 『서양사연구』 11, 1990, 217~245쪽.

루소의 비전

루소(Jean-Jacques Rousseau)는 홉스와는 달리 자연상태에서는 인간은 평등하지만 사회를 이루면서 불평등이 일어난다고 보았다.[3] 하지만 질서 유지를 위해서 어쩔 수 없이 국가가 필요하다고 한다. 그렇기 때문에 정부가 시민을 통제하는 부분도 자유방임에 가깝다. 대신 루소는 일반의지(Volonté générale)의 중요성을 설파하였다. 시민들은 자신의 권리를 사회에 넘기고 대신 특정 인물에 지배받기보다는 일반의지에 지배받기를 원한다. 이러한 과정이 신민에서 시민이 되는 과정이라고 볼 수 있다. 루소는 이 일반의지가 표현된 것이 법이라고 보았다. 일반의지는 만장일치로 일어나는 것이 아니다. 그리고 누가 일반의지라고 판단하느냐도 문제이다. 입법자들이 잘 판단해야 하는데 그것이 쉽지 않다.

어쩌면 영화 속 주인공인 브이가 지향하는 정부가 루소가 생각하는 정부에 가깝지 않을까 싶다. 자유방임형 정부는 많은 사람들을 관리하기에는 취약할 수 있다. 사람들이 적으면 서로 신뢰를 지키기 쉽다. 하지만 시민이 수십만 명이 넘어가면 소수의 사람이 규약을 지키지 않아도 신뢰가 급속도로 떨어진다. 루소가 홉스와 가장 큰 차이를 보이는 지점은 홉스는 사회계약이 철회될 수 없다는 입장인 데 비해 루소는 공동의 합의가 있다면 폐지될 수 있다고 생각한 점이다.[4]

루소의 사회계약론이 지금은 무덤덤하게 받아들여지겠지만 그는 프랑스혁명 이전에 산 사람이다. 즉, 평생을 왕의 지배를 받던 사람이다. 그러한

3   김창수, 『관료제 트릴레마』, 윤성사, 2023.
4   김성은, 『쉽게 읽고 되새기는 고전 : 사회계약론』, 생각정거장, 2016.

사람이 사회계약을 이야기한 것은 당시로는 상당히 파격적이었다. 아니나 다를까 루소의 책은 출간되자마자 혹세무민하고 그리스도의 가르침에 반한다는 이유로 금서가 된다.[5] 이후 루소는 여기저기 도망다니는 삶을 산다. 오히려 그의 생각은 사후에 프랑스 혁명에 영향을 준다.

로크와 루소와의 차이는 직접민주주의에 대한 태도일 것이다. 루소는 대의제를 반대하고 직접민주주의를 옹호했다.[6] 대의제에 대한 그의 비판적인 태도는 "영국인은 선거 때만 자유로울 뿐, 그것이 끝나면 다시 노예 상태가 된다"라는 말에 잘 드러난다. 루소가 주장한 일반의지를 가장 잘 보일 수 있는 방법이 직접민주주의이기 때문이다.

사회계약의 근본적 오류

바람직한 정부에 대한 생각에는 정답은 없다. 사실 어떤 정부를 가지느냐는 궁극적으로 시민들에게 달려 있다. 서틀러의 통치에 신음하다가도 분연히 일어서는 영화 속 영국 시민들은 리바이어던이 없는 정부를 원한 것이다. 실제로도 우리나라에서는 현대사의 고비마다 시민들이 목소리를 냈는데 이는 시민들이 그 당시의 정부를 원치 않아서 바꾸고자 했던 것이다.

사회계약론에 나오는 내용은 지금의 관점에서 보면 크게 놀랄 일도 아니

5   Williams D., *Introduction. In: Rousseau's Social Contract: An Introduction*. Cambridge Introductions to Key Philosophical Texts. U.K.: Cambridge University Press; 2014, pp.1~25. https://www.cambridge.org/core/books/abs/rousseaus-social-contract/introduction/2D9 1546A1520F5F95EE5EBF4171093F6

6   홍태영(2006). 『개인이 아닌 시민으로 살기』, 김영사.

다. 하지만 지금도 풀리지 않는 문제는 우리가 태어날 때 혹은 성인이 되어서도 국가와 따로 계약을 맺지 않는다는 것이다. 사람은 출생과 동시에 자신이 속한 국가의 국민이 된다. 그래서 이론적으로야 국민과 정부가 사회계약을 맺었다고는 하지만 실제로는 그렇지 않다. 그러므로 태어날 때부터 일방적으로 주어진 헌법에 불만을 갖는 것은 너무나도 당연하다. 혹은 국가가 헌법에 쓰인 계약과 달리 행동하고 그로 인한 불만이 참을 수 있는 경지를 넘어서게 되면 국민은 저항하게 된다.

　게다가 사회계약론의 문제 중 하나는 시민이 한 개인으로 이루어진 것이 아니라는 것이다. 사람마다 정부가 행동하는 것에 대해서 다른 생각을 할 수 있다. 루소가 말한 일반의지를 잘못 받아들인 것은 선거라는 기제로 바로잡을 수 있다.[7] 중요한 것은 영화에도 대사로 나왔듯이 "국민은 정부를 두려워해서는 안 된다. 정부가 국민을 두려워야 한다"[8]는 것이다.

7　이기라, 「왜 정치권력에 복종해야 하는가? 사회계약론에 담겨 있는 근대적 정당화 논리들」, 『인문논총』 50, 2019, 27~49쪽.
8　원래 대사는 People should not be afraid of their governments. Governments should be afraid of their people.

제3부

영화는 영화가 아니다

포퓰리즘은 나쁜 것일까?

에비타

〈에비타(*Evita*)〉는 마돈나가 에바 페론 역을 맡아 연기한 뮤지컬 영화이다. 평범한 배우였던 에바 페론(Eva Peron, 1919~1952)은 운명적으로 후안 페론을 만났고 그가 대통령이 되자 젊은 나이에 영부인이 되었으나, 33세에 병으로 사망한다. 짧은 인생이었지만 그는 아르헨티나 역사에 길게 이름을 강렬하게 남겼다. 그의 이름에 줄곧 따라 붙는 꼬리표가 포퓰리즘이다. 에바 페론은 대통령 후안 페론이 실시한, 페론주의(Peronismo) 정책의 중심에 서 있었다. 라틴아메리카 포퓰리즘의 시초라고 불리는 페론주의의 골자는 노동복지 정책이었다.[1] 페론 정부에서 노동자들의 임금이 인상되었고 노동자 보호를 위한 입법이 이루어졌다. 이러한 진보적인 복지 정책은 종종 포퓰리즘으로 불리고 우리나라에서도 포퓰리즘은 그러한 의미로 간주된다. 하지만 포퓰리즘이라고 다 똑같은 것은 아니다. 세상에는 다양한 종류의 포퓰리즘이 있다.

---

1 미즈시마 지로, 『포퓰리즘이란 무엇인가』, 이종국 역, 연암서가, 2019.

포퓰리즘, 그게 뭔데?

민주주의 국가에서 거행되는 선거를 지켜보다 보면 득표하기 위하여 남발되는 공약의 모든 것이 포퓰리즘처럼 느껴진다. 하지만 학술적으로 포퓰리즘은 엘리트가 아닌 보통 사람의 목소리를 반영하는 것이 진정한 민주주의라는 생각을 뜻한다.[2] 이연호와 고주현은 포퓰리즘을 개혁적인 성향의 엘리트가 대중이나 서민과 노동자들을 중심으로 한 민중의 지지를 동원함으로써 주류 엘리트에 도전하여 집권하거나 정권을 유지하기 위한 정치적 전략이라고 보았다.[3] 얀 베르너 뮐러(Jan-Werner Müller)는 포퓰리즘을 "정치에 관한 특정한 도덕적 상상"이라고 규정했다.[4]

현실에서는 포퓰리즘은 '대중영합주의'나 '인기영합주의'로 번역되며 대개 부정적인 함의를 가진다. 그도 그럴 것이 포퓰리즘을 공동체 전체의 이익을 제대로 고려하지 않고 최대 다수의 의지에 무조건 따르려는 경향으로 볼 수도 있기 때문이다.[5] 그래서 선거철에 정치인들이 인기를 끌기 위해 국익을 생각하지 않고 남발하는 공약이 포퓰리즘으로 파악될 수 있다. 사실 엄밀히 따지면 포퓰리즘이라기보다는 '대중인기영합주의' 혹은 '대중추수주의'라는 의미의 포퓰러리즘(Popularism)이라고 불러야 더 적당하다.[6] 하지만 포퓰리즘이 워낙 광범위하게 쓰이기에 이 글에서도 계속 포퓰리즘이라는 용어

---

2 진태원, 「포퓰리즘, 민주주의, 민중」, 『역사비평』 106, 2013, 198~217쪽.
3 이연호 · 고주현, 『포퓰리즘-유럽의 포퓰리즘이 한국에 주는 함의』, 연세대학교 출판문화원, 2024.
4 얀 베르너 뮐러, 『누가 포퓰리스트인가』, 노시내 역, 마티, 2017.
5 김성은, 『쉽게 읽고 되새기는 고전 : 사회계약론』, 생각정거장, 2016.
6 정병기, 『포퓰리즘』, 커뮤니케이션북스, 2021.

를 사용하도록 하겠다.

포퓰리즘은 다양하게 나타난다. 영화 〈에비타〉에 나온 후안 페론은 포퓰리즘의 전형이다. 하지만 미국의 도널드 트럼프(Donald Trump), 프랑스의 마린 르펜(Marine Le Pen)도 포퓰리즘 정치인으로 평가되고 있다. 트럼프나 르펜은 페론과는 결을 달리하지만 광의의 포퓰리즘 개념으로는 같은 집합에 속한다. 그뿐만 아니라 우파 포퓰리즘, 좌파 포퓰리즘 등 다양한 포퓰리즘이 각기 다른 사회현상을 지칭하고 있다. 우선 포퓰리즘이 처음 시작되었다고 생각되는 라틴아메리카, 특히 영화의 배경이 된 아르헨티나를 살펴보자.

페론주의

라틴아메리카는 영국과 미국과는 달리 사회주의를 추구하는 정치세력이 비교적 강성했다. 아르헨티나의 후안 페론도 이에 포함된다. 후안 페론(Juan Domingo Peron, 1895~1974)은 1946년부터 55년까지 그리고 1973년부터 74년까지[7] 아르헨티나 대통령에 재임한다. 영화에 잘 나와 있듯이 페론은 원래 군인이었다가 노동부 장관, 부통령(국방부 장관도 겸임)을 역임한다. 후안 페론은 1938년에 첫 번째 부인을 암으로 잃는다. 그 후에 24세 연하인 마리아 에바 두아르테(María Eva Duarte)를 만나 결혼을 하게 된다.

후안 페론과 만나 결혼함으로써 젊은 영부인이 된 에바 페론은 기득권층으로부터는 질시를 받았었지만 서민층에게는 인기를 얻었다. 그는 소극적인 영부인에 머물지 않고 적극적으로 사회문제에 목소리를 낸다. 페론 여

---

7 재임 중 사망했는데 당시 부통령이었던 세 번째 아내가 대통령 자리를 물려받았다.

성당(Partido Peronista Femenino)을 창당하고 직접 당수가 되었고, 에바 페론 재단(María Eva Duarte de Perón Foundation)을 만들어 사회복지, 교육, 의료 분야에 공헌하였다. 그가 영부인으로 활동한 기간은 6년 남짓이었는데 아르헨티나 국민에게는 깊은 인상을 남겼다.

페론주의를 포퓰리즘이라고 하는 이유는 여러 가지겠지만, 페론이 여러 기업을 국유화하고 사회보장제도를 확충했으며 노조를 중심으로 한 노동정당을 추구한 데 큰 이유가 있다.[8] 사실 사회보장제도 확충 자체가 포퓰리즘은 아니다. 그런데 페론주의를 포퓰리즘이라고 하는 것은 한때 부강했던 아르헨티나가 당시 경제적으로 크게 추락했기 때문이다. 만약에 아르헨티나가 경제대국으로 성장했다면 포퓰리즘이 아니라 북유럽 국가처럼 사회민주주의라고 일컬어졌을 것이다.

페론 정부 시절 노조가 인정되었으며, 노동환경이 개선되었고 일반 노동자들의 임금은 상승하였다.[9] 하지만 페론의 경제정책은 치명적 문제를 일으켰다. 그는 쇄국정책 혹은 자력갱생에 기운 경제정책을 펼쳤다. 이 정책이 아르헨티나 경제를 파국으로 몰고 가는 데 큰 역할을 하게 된다. 군인 출신으로 권위주의 정치를 펼쳤던 페론은 1955년에 쿠데타로 실각한다.

페론주의는 사실상 후안 페론을 숭상하는 이념이라기보다는 평범한 사람들의 생활 조건이나 노동 상황이 개선되기를 바라는 마음이 페론이라는 이름으로 승화된 것이다.[10] 그런데 우리나라에서 페론주의라고 하면 포퓰리즘

---

8 김달관, 「아르헨티나의 포퓰리즘 : 페론과 메넴의 비교 사례 연구」, 『국제지역연구』 11(3), 2007, 97~124쪽.

9 Meade, T., *A history of modern Latin America* (3rd edition), NJ: Wiley Blackwell, 2022.

10 Knott, A., *A manifesto and populism?, In Emmy Eklundh and Andy Knott* (eds) The populist

의 대명사로 부정적인 뉘앙스를 풍긴다. 특히 우리나라에서는 노동자를 위한 정책이나 복지 정책을 강화하려고 하면 페론 정권의 실패를 거론하며 그런 정책을 실시하다간 경제가 위기에 처할 수 있다고 경고하기도 한다. 이에 반해 아르헨티나에서는 경제적 실패와 관계없이 후안 페론이 아직도 인기라서 심지어 선거에 나오는 사람들마다 페론주의를 제창하고 때로는 선거에서 페론주의자들끼리 경쟁하기도 한다.[11]

학계에서도 페론주의를 포퓰리즘으로 본다. 그 이유를 이해하려면 페론 집권 전의 아르헨티나의 상황부터 알아둘 필요가 있다. 당시 아르헨티나에서는 소수의 상류층 사람들이 사회 이익을 독식하는 불평등이 만연해 있었다.[12] 그러한 상황에서 서민층을 대변하며 집권한 페론의 정책은 소수 엘리트의 견해와 달랐고 그들의 이익에 부합하지도 않았다. 이러한 이유로 페론은 포퓰리즘의 대표주자처럼 여겨지게 되었고, 경제적 측면에서 실패했고 권위주의였던 그였지만 아르헨티나 서민층에게는 아직도 인기가 있는 것이다.

페론주의가 아닌 포퓰리즘

포퓰리즘이라는 용어는 카멜레온 같아서 유럽에서는 아르헨티나 같은 라

manifestor, 2020, pp.107~122, U.K.: Rowman & Little International Ltd.
11 마리아 에스페란사 카수요, 『아르헨티나의 민주주의와 페론주의 정당』, 조혜진 역, 2015. Maria Esperanza Casullo, "Argentina: del bipartidismo a la democracia peronista", Nueva Sociedad, No. 257, julio-agosto de 2015, pp.16~28.
12 안태환, 「페론체제(1943~1955)와 '대중'의 사회적 주체의 출현-라클라우의 포퓰리즘 담론의 시각에서」, 『이베로아메리카』 13(1), 2011, 123~152쪽.

틴아메리카 국가와는 다른 의미로 쓰인다. 유럽은 아프리카와 중동아시아에서 들어오는 이민자와 난민으로 고민이 많아졌다. 특히 난민의 수가 적었을 때는 사회적으로도 수용하는 분위기였는데 그 수가 점점 많아지자 이민이나 난민에 대한 태도가 바뀌었다. 이러한 사회적 분위기에 편승한 정치인들은 이민이나 난민을 반대하기 시작했다. 유럽에서는 이러한 사람들을 포퓰리스트로 부르고 있다.

유럽의 주류 지도층은 인류애적인 마음으로 이민자나 난민을 받아들여야 한다고 본다. 하지만 서민층에서는 대개 다른 생각을 하고 있었다. 엘리트층이야 난민이 들어와도 일자리가 겹치지 않고 좋은 곳에서 살고 있기 때문에 난민을 마주할 가능성은 적다. 그런데 실제로 난민들과 마주쳐야 하는 일반 대중은 이질적인 문화로 인하여 갈등도 생기고 일자리를 잃을 수 있다는 생각을 했다. 그래서 이들은 이민자와 난민을 받아들이지 말아야 한다는 정당에 표를 주기 시작했다.

누가 포퓰리즘을 정하는가?

포퓰리즘은 대개 부정적인 함의를 가지지만 꼭 그런 것만은 아니다. 샹탈 무페(Chantal Mouffe)는 민주주의 강화를 위해서라면 포퓰리즘은 긍정적인 측면도 있다고 일갈하였다.[13] 하지만 학계 주류는 포퓰리즘을 논의하는 기본 가정에 엘리트와 대중이라는 이질적인 존재가 있고 이 존재가 다른 의견을 가지고 있을 때 정치인이 대중의 편을 들면 포퓰리즘이라고 하는 경우가 많

---

13 샹탈 무페, 『좌파 포퓰리즘을 위하여』, 이승원 역, 문학세계사, 2019.

다. 하지만 애매한 것은 대중이라는 것이 동질적이지 않다는 것이다. 예를 들어, 미국에서 트럼프를 지지하는 사람도 있지만 반대하는 사람도 거의 미국 시민의 절반이나 된다.

포퓰리즘은 앞서 살펴본 것처럼 지역과 시대에 따라서 다르게 규정될 수 있다. 그리고 정치인들은 자신과 맞지 않은 반대편을 포퓰리즘이라고 몰아붙이고는 한다. 결과론적이기는 하지만 포퓰리즘인지 아닌지 판단하는 기준은 그 정치인의 약속이 공동체에 해를 가하는지 아닌지에 달려 있다고 본다. 만약에 그 정치인의 약속이 궁극적으로 공동체의 약화를 가져왔다면 포퓰리즘이다. 예를 들어, 이민자를 배척하자는 공약이 공동체의 건강함을 저해한다면 포퓰리즘으로 볼 수 있다. 반면에 난민의 유입을 통제하자는 것이 공동체의 안정에 기여했다면 포퓰리즘이 아닌 것이다.

페론주의가 포퓰리즘으로 지탄받는 이유 중 하나가 자유시장경제에 반하는 철도, 전기, 통신 서비스의 국유화에 있다. 이는 여러 비효율을 낳았다고 비판을 받았다. 그런데 노르웨이는 국유화로 성공을 거둔 바 있다. 노르웨이가 지금의 부국이 된 계기 중 하나는 1969년 석유 발견이다. 노르웨이는 석유산업을 국유화하고 여기에서 나오는 기금으로 국부펀드를 조성하였고 이를 통해서 튼튼한 사회복지 시스템을 만들었다. 하지만 어느 누구도 노르웨이의 이 정책을 포퓰리즘이라고 하지 않는다. 즉, 포퓰리즘이냐 아니냐를 결정하는 것은 정책의 내용이 아니라 정책의 결과인 것이다.

공동체의 이익이 될지 해가 될지를 판단하는 것은 아주 어려운 일이다. 왜냐하면 근본적으로 가치관에 따라서 이익과 해악을 다르게 판단할 수 있기 때문이다. 어떤 사람은 다양한 배경의 사람들이 공존하며 사는 것이 바람직한 사회라고 생각한다. 반면에 어떤 사람은 비슷한 배경을 가진 사람들이 모여 살아야 더 행복한 사회이고 상이한 배경의 사람들이 모여 살면 갈등이 고조된다고 생각한다. 그러므로 같은 상태가 구현되어도 그에 대한 평가는 상반될 수 있다. 공동체의 안녕에 대한 정의는 너무나도 다르기 때문에 포퓰리즘을 정하는 것은 어쩌면 불가능할 수도 있겠다.

다만, 비슷한 정책 내용인데 정치적인 이유로 포퓰리즘이라고 공격하는 일은 지양해야 할 것이다. 가령 구체적인 이유없이 여당이 감세 정책을 펼친다는 이유로 포퓰리즘이라고 야당이 지탄한다든지, 반대로 야당이 감세 정책을 요구한다고 여당이 포퓰리즘이라고 공격하는 것은 공동체를 생각하기보다는 자기 당의 이익에 부합하는지만을 생각하는 것이다. 비슷한 정책이 있을 경우에는 차이점을 드러내 포퓰리즘이라고 공격하기보다는 공통점을 찾아 잘 디자인된 정책을 내놓을 필요가 있다.

정부에 카리스마 있는 리더는 필요한가?

제이. 에드가

카리스마가 있는 리더는 매력적이다. 카리스마 있는 리더라고 하면 사람들은 종종 애플의 스티브 잡스(Steve Jobs, 1955~2011)를 떠올린다. 그는 제품을 만들 때 고객을 생각하지 않는다며 마케팅의 정론을 바꾸었다. 그동안의 통념을 바꾸어놓는 통찰력에 많은 사람들은 카리스마적 리더를 좋아한다. 그런데 정부나 공공 부문에서 이런 카리스마적인 리더가 효과적인지는 의문이다. 왜냐하면 기본적으로 행정은 파격보다는 안정을 추구하며 법률을 수동적으로 실현하는 데 그치는 것이 주업무이기 때문이다. 만약에 카리스마 있는 리더가 정부에 등장해서 규율을 무시하고 절차적인 합의를 깨트리는 의사결정을 한다면 문제가 있을 것이다. 이러한 이유로 정부기관에서 카리스마적 리더는 적게 나타난다. 다만 간간이 카리스마적 리더가 정부에도 나타난다. 그중 한 명이 미국의 에드거 후버(John Edgar Hoover)[1] FBI 국장이다.

미국의 수도인 워싱턴 D.C.에 FBI(Federal Bureau of Investigation) 본부가 있다.

---

1   에드거 후버의 전기영화는 우리나라에서 〈제이. 에드가〉라는 제목으로 공개되었다. 그러나 여기에서는 국립국어원의 외래어 표기용례에 따라 '에드거'라고 쓰도록 하겠다.

그 본부 건물 이름이 후버빌딩이다. 잘 모르는 사람이 보면 미국 31대 대통령 허버트 후버의 이름을 딴 것으로 생각할 수도 있다. 그러나 그 이름은 FBI의 초대 국장인 에드거 후버에게서 유래된 이름이다. 에드거 후버는 정부에서는 보기 힘든 카리스마 있는 리더로 통한다. 그는 1895년 워싱턴 D.C.에서 태어나 1924년 29세 나이에 FBI의 전신인 BOI(Bureau of Investigation)의 수사국장에 임명된다. 이후 1935년에 FBI로 개칭된 그 조직의 초대 국장이 되어, 1972년 죽을 때까지 FBI를 이끈다. 정확하게는, BOI에서는 다섯 번째 국장으로 11년을 일하고 FBI에서는 초대 국장으로 37년을 일했다. 물론 하는 일은 비슷하지만 BOI와 FBI의 위상은 크게 다르다. 지금이야 FBI가 연방수사국으로서 미국 내 그 어느 기관보다 힘이 강력하지만 처음부터 그랬던 것은 아니다. 이를 이해하려면 미국의 역사를 조금 알 필요가 있다.

미국 경찰의 역사와 에드거 후버

대한민국의 경찰은 건국 때부터 중앙정부에 소속되어 있다. 지금도 경찰청은 행정안전부 소속으로 국가경찰이다. 그런데 미국에서는 처음부터 연방경찰(우리나라로 치면 중앙정부 소속 경찰)이 있었던 것은 아니다.[2] 미국의 정식 국명이 The United States of America인데 이 명칭은 주(state)들의 연합이라는

---

2   엄밀히 말해 FBI는 경찰이 아니다. 미국에서 연방경찰이라는 이름을 가진 기관은 없다. 경찰이라는 이름을 가지고 있는 것은 주경찰(State Police) 이하의 정부기관 단위다. 다만 연방 수준에서 경찰 기능을 하는 기관이 있는데 이 장에서 살펴볼 FBI와 마약 사건을 중점해서 다루는 Drug Enforcement Administration(DEA), 사법부를 지키고 탈주자를 잡는 The United States Marshals Service(USMS) 등이 있다.

뜻이다. 그래서 미국에서는 주의 독립성이 상당히 강했다. 미국은 1776년에 건국되었다. 그런데 FBI의 전신인 BOI가 창설된 것이 1908년이다. 즉 건국한 후로 100년 넘게 제대로 된 중앙정부의 경찰이 없었다는 뜻이다. 건국한 후 시간이 흐르면서 북아메리카 대륙에 미국이라는 나라가 영토를 넓혀가며 자리를 잡아가고 지금과 같은 형태의 국경이 확립될 즈음부터 점차 각각의 주의 독립성의 합보다는 하나의 나라로서 통일성을 갖고자 하는 움직임이 나타난다. 경찰 문제에 있어서 이 문제는 특히 중요하다. 어떤 사람이 뉴욕주에서 범죄를 저지르고 미시간주로 도망쳤다고 하자. 그런데 뉴욕주와 미시간주가 각자의 독립성이 강하고 경찰 시스템이 달라서 이 범죄자가 잡히지 않는다면 큰 문제가 된다. 범죄자가 주 경계를 넘어 이동하기 쉬운데 주마다 경찰 시스템 및 운영체계가 다르다면 법의 정의가 확립되지 않을 것이다. 이런 이유로 연방경찰의 필요성이 커졌고 BOI가 1908년에 창설된 것이다.

연방경찰의 영향력은 처음에는 미미했다. 그래서 지역경찰이 연방경찰을 무시하는 일이 잦았다. 이런 상황에서 후버는 강력한 연방경찰이 필요함을 역설하고 불과 29세의 나이에 연방경찰의 국장으로 임명된다. 그는 국장으로서 많은 업적을 남긴다. 연방경찰의 업무를 체계화했고, 조직범죄를 소탕하기 위해서 부단히 노력하였다.

후버의 입지를 강화해준 것은 대서양을 처음으로 횡단했던 조종사 찰스 린드버그(Charles Lindbergh)의 아들 유괴사건이다. 안타깝게도 린드버그의 아들은 살해된 채로 발견되었지만 이를 계기로 미국의 모든 유괴 사건은 연방경찰의 소관이 되었고, 지문 관리 등 각종 과학수사 기법들이 도입되었다. 후버의 연방경찰에 대한 비전은 아주 확실했다. 그 확실성에 기반한 그의 노력이 사람들을 설득시켜, 마침내 1935년 FBI가 창설되고 그는 초대 국장으로 재임하게 된다.

카리스마 리더는 도대체 누구인가?

카리스마라는 단어가 일상적으로 사용되고 있으니 사람들은 카리스마가 무엇인지는 대충 안다. 하지만 그것이 정확히 무엇인지에 대해서는 의견이 분분하다. 이러한 상황이 놀랍지 않은 이유는 카리스마라는 것이 의자나 책상처럼 눈에 보이는 물체가 아니기 때문이다. 카리스마는 추상적인 개념이기 때문에 명확히 정의를 내릴 필요가 있다.

카리스마가 있는 리더는 종종 초인적인 매력을 가진 것으로 나타난다. 원래 카리스마라는 단어는 막스 베버(Max Weber)가 비범한 능력을 가진 리더를 묘사하면서 사용되기 시작했다. 송병식에 따르면 카리스마 리더십이란 "부하가 수용할 만한 전략적 비전을 제시하고 이를 구체화하는 행동, 주변 환경이 부여하는 제약 조건과 기회를 현실적으로 평가할 수 있는 환경 민감성, 하위 행위자들에게 호소력 있고 혁신적으로 비추어지는 비전을 제시하기 위한 전제조건으로서 하위자의 욕구와 가치관 및 포부에 대한 민감성, 자신이 주창하는 비전을 달성하기 위해 위험을 감수하며 값비싼 대가를 치르는 것을 마다하지 않는 행동, 과거의 관행을 타파하고 새로운 방식을 추구하는 비전통적 행동 등의 총합"[3]으로 파악할 수 있다. 평범한 관리인과는

---

3 송병식, 「카리스마 리더십과 도전적 직무동기 및 혁신행동 간의 관계와 리더신뢰와 혁신분위기의 조절효과」, 『경영사학』 21(1), 2006, 187~210쪽.

다른 비전을 가진 일을 추진하는 사람을 카리스마 있는 리더로 볼 수 있다.

카리스마 리더의 명과 암

에드거 후버 같은 리더 스타일은 창설된 부서에 잘 맞는다. 아직 표준화된 업무지침(Standard of procedure)이 정착되지 않은 부서에는 후버 국장 같은 사람이 강력한 의지를 가지고 그 업무지침을 확립해야 한다. 위기상황을 해결해야 하는 부서에도 적합하다. 정부의 리더는 대부분 관리형이지만 때때로 이런 카리스마적 리더가 필요하기도 하다. 왜냐하면 일반적인 대응으로는 도무지 문제를 해결할 수 없을 때가 있기 때문이다.

하지만 후버에게도 문제가 있었다. 우선 후버는 자신이 옳다고 믿는 일을 한다면 수단과 방법을 가리지 않는다. 때로는 영장도 없이 감청, 도청을 하기도 한다. 그가 재임하던 초반에는 2차 세계대전이 있었다. 그래서 적에게 매우 신경질적인 반응을 보이고 의심되는 사람들을 감시했다. 그리고 2차 세계대전이 끝난 후에는 소련과 냉전이 시작되면서 공산당으로 의심되는 사람들을 때로는 절차를 어겨가면서도 감시했다. 이는 공산당에게 그치지 않고, 미국 사회에서 진보적 인사로 불리던 엘리너 루스벨트 영부인, 마틴 루터 킹 목사, 케네디 대통령에 이르기까지 그들의 사생활을 감시했다.[4] 그리고 그 감시한 결과 나온 흠결은 상대방의 약점을 잡는 데 사용되었다.

---

[4] 글렌 그린월드, 『스노든 게이트 : 세기의 내부고발』, 박수민 · 박산호 역, 모던아카이브, 2017; Goldsmith, J., *How J. Edgar Hoover went from hero to villain*, The Atlantic, 2022. https://www.theatlantic.com/magazine/archive/2022/12/j-edgar-hoover-fbi-influence/671900/

권력의 원천

후버는 명쾌한 비전을 가지고 FBI를 창설하고 발전시켰다. 하지만 그는 점차 권력에 집착하게 된다. 마치 영화 〈반지의 제왕〉에 나오는 절대반지처럼 권력은 사람들을 유혹한다. 이 절대반지의 맛에 빠진 사람은 헤어나오지 못하고 권력을 갈구하게 된다. 그렇다면 권력은 무엇인가?

사회과학에서 권력이란 타인의 행동에 영향을 미치는 힘이라고 정의된다. 예를 들어, 권력이 없다면 상대방이 그렇게 행동하지 않았을 행동을 하게 하는 것이다. 반대로 행동하고 있는 것을 멈추게 하는 것도 권력이다. 권력은 우리 생활 곳곳에서 살펴볼 수 있다. 가정에서 부모가 아이를 타일러 학교를 보내는 것도 권력이고 회사에서 상관이 시켜서 일을 하는 부하도 권력이 작용한 것이다. 이 권력은 다양한 원천을 가지고 있다.

존 프렌치(John French)와 버트럼 레이븐(Bertram Raven)은 사회적인 권력의 원천을 다섯 가지로 나누었다. 첫째로 합법적 권력(Legitimate power)은 대개 공식적인 지위에서 오는 권력이다. 후버는 마피아 같은 비공식적 조직의 보스가 아니라 FBI 국장으로서 공식적인 권력이 있었다. 그가 필요하다고 생각하면 누구든 조사할 수도 체포할 수도 있었다. 이는 아무나 할 수 있는 것이 아니라 그가 국가권력의 합법적인 위치를 점하고 있기 때문이다.

두 번째, 보상적 권력(Reward power)은 어떤 일을 행하는 사람에게 이득이 되는 것을 줘서 움직이게 하는 것이다. 흔히 거래적 리더십(Transactional leadership)이 이와 관련되어 있다. 리더와 부하는 상호 교환 관계를 갖는다. 그래서 부하가 성과를 달성하면 리더는 그에 맞는 보상을 제공한다. 후버가 부자도 아니고 공무원이기 때문에 그가 할 수 있는 보상적 권력은 한정적이었다.

잘해야 승진에 유리한 긍정적인 평가를 주는 정도였을 것이다.

세 번째 강압적 권력(Coercive power)은 보상적 권력과 반대이다. 보상적 권력이 긍정적인 것으로 상대를 유인한다면 강압적인 권력은 위해를 줄 수 있는 능력을 통해 상대방의 행동을 조절한다. 그래서 상대방이 요청에 응한다면 불이익을 주지 않는 형태로 나타난다. 후버 국장이 물리적으로 위해를 가하지는 않았다. 하지만 그가 가진 상대방의 불리한 정보를 통해서 은근히 협박할 수 있었다. 그 협박을 통해서 자기가 원하는 대로 상대방을 조종할 수 있는 것이다.

네 번째는 전문가적 권력(Expert power)이다. 물론 후버가 주로 사용한 권력의 원천은 합법적 권력과 강압적 권력이었겠지만 국장의 자리에 올라가고 지금의 FBI가 자리매김을 하는 데는 후버의 전문적인 능력이 큰 기여를 했다. 그는 어린 시절 도서관에서 사서로 일했는데 그때의 경험을 토대로 체계적인 데이터 베이스 구축에 힘썼다. 그리고 주먹구구식의 수사 방식을 탈피하여 과학수사를 할 수 있는 체계를 만드는 데 일조했다. 그리고 오랜 수사관 생활을 통해 얻은 노하우가 그에게 전문가적인 권력을 쥐여주었다.

마지막으로 준거적 권력(Referent power)이 있다. 이는 개인의 매력, 카리스마와 관련이 있다. 후버에 대한 평가는 다양하다. 다만 그가 신념에 가득 찬 사람이었고 그를 추종하는 사람들이 있었다는 것은 사실이다. 후버를 좋아하는 입장에서는 후버의 강단 있는 행동에 감화를 받았고 그로 인하여 미국이 더 안전해졌다고 인지하였을 것이다. 이러한 것을 동력으로 후버는 준거적인 권력도 얻을 수 있었다.

후버는 분명히 권력욕이 있었고 그만큼이나 권력을 가졌다. 그의 권력이 얼마나 강했느냐는 그가 죽을 때까지 국장 자리에 앉아 있을 수 있었다는 데에서 알 수 있다. 한 사람의 권력이 강할 수는 있다. 문제는 그가 잘못했을 때 제재 방법이 마땅하지 않았다는 점이다. 후버 국장과 같이 강력한 사람을 누가 막을 것인지가 중요하다. 그래서 견제가 중요한 것이다. 후버는 루스벨트 대통령부터 시작해서 닉슨 대통령까지 6명의 대통령을 거치며 공고히 권력을 유지했다. 임면권자인 대통령조차 그를 함부로 대하지 못했다. 이런 상태에서 후버는 권력을 남용할 여지가 생겼다. 이 권력은 여타 정부기관이 견제를 받아야 하는 것처럼 견제를 받아야 남용되지 않고 알맞게 사용될 수 있다. 그것은 FBI도 마찬가지였는데, FBI에 대한 견제는 카리스마 가득한 권력자가 사망한 후에야 이루어졌다.

유죄의 조건
뉘른베르크의 재판

    20세기에 인류는 극악무도한 전쟁에 시달렸다. 수많은 전쟁 중에 가장 파급력이 컸던 것은 단연 제2차 세계대전이다. 제2차 세계대전에서는 인간성을 말살시킬 만한 많은 일이 일어났다. 그중에서도 사람들에게 최악의 참사로 여겨지는 것은 나치의 만행이며, 그 만행 중에서도 압도적인 사건은 역시 유대인 대학살이다. 정확히 추산되지도 않는 수백만 명의 사람들이 나치 치하에서 목숨을 잔인하게 잃었다. 나치는 유대인뿐만 아니라 장애인이나 동성애자들도 비정상인이라 간주하여 탄압하고 제거하였다. 다행히 궁극적으로 나치는 패배하였다. 그리고 많은 사람들은 나치의 악행이 처벌받기를 기대하였다. 나치 체제의 야만을 처벌하기 위하여 뉘른베르크에 국제군사재판소가 설치되었다. 그리고 역사적인 재판이 진행된다. 이미 실재 재판이 있는 지 70년이 지났고 이 역사적 문제를 그린 〈뉘른베르크의 재판(*Judgment at Nuremberg*)〉도 개봉된 지 오래되었지만(1961) 현재 우리에게 전하는 메시지는 여전히 묵직하다.

법을 따랐는데 왜 처벌을 받나?

나치 정권하에서도 법정은 있었고, 나치 정권에서 일하던 판사도 있었다. 〈뉘른베르크의 재판〉은 전쟁이 끝난 후 죄인으로 지목되어 재판을 받는 다섯 명의 독일인 판사를 집중해서 조명하고 있다. 특히 박식하고 공명정대한 것으로 유명한 언스트 야닝(Ernst Janning)과 그를 변호하는 한스 롤프(Hans Rolfe)를 중심으로 이야기가 진행된다. 이 재판을 주관하는 사람은 미국인 댄 헤이우드(Dan Haywood)이다.

법정이 개시되자 야닝은 연합국이 세운 법정의 권위를 인정할 수 없다고 주장한다. 그리고 야닝은 기본적으로 나치 정권이 입법한 법을 해석하여 판결했는데 무엇이 문제가 되냐는 논지를 편다. 실제로 나치 범죄자를 무슨 근거로 처벌할 것인가는 큰 문제였다. 이제는 전쟁범죄, 인도(Humanity)에 반한 범죄, 평화에 대한 범죄 등의 명목으로 나치 범죄자 같은 사람들을 처단할 수 있다. 하지만 제2차 세계대전이 끝나고 얼마 되지 않은 시점에서 열린 뉘른베르크 전범재판에서는 상황이 달랐다. 이 당시에는 국제사법재판소도 세워지지 않았고 그에 따른 국제법도 미비한 상태였다. 뉘른베르크 전범재판은 인류 역사상 처음으로 전쟁범죄자를 규정하고 처벌을 한 국제 형사재판이었다.[1] 그렇다면 도대체 무슨 근거로, 법으로 따지면 시키는 대로 할 뿐이었던 나치 정권에 부역한 사람들을 처벌할 수 있는 것인가?

---

[1]　양천수, 「뉘른베르크 전범재판과 평화의 원칙 : 전쟁개시의 가능성과 한계를 중심으로 하여」, 『법철학연구』 14(1), 2011, 75~104쪽.

법실증주의의 한계

나치 전범자를 처벌하고자 하는 사람은 나치 정권이 정의에 반하는 법에 의거해서 각종 악행을 저질렀기 때문에 문제라고 주장한다. 그런데 문제는 정의에 반한다는 기준이 모호하다는 것이다. 같은 행동이라도 누군가에게는 정의에 반하는 행동일 수도 있고, 누군가에게는 그렇지 않은 일일 수도 있다. 그래서 법대로 하지 않고 정의에만 판단 기준을 기대면 법적 안정성은 급격히 무너질 수 있다.

이러한 맥락에서 정의와 법적 안정성의 갈등으로 비롯된 해결책이 소위 라드브루흐 공식(Die Radbruchsche Formel)이다. 이 공식을 정리하면 법이 법적 안정성의 이름으로 정의에 반하는 정도가 참을 수 없는 지경에 이를 때 그 법은 법이 아니라는 것이다.[2] 이른바 불법공식(不法公式)이라고 불리는 테제인데 나치 시대의 법 말살과 관련하여 논의하면서 나온 것이다.[3] 라드브루흐 공식은 자연법과 법실증주의의 모순 관계를 설명한 것으로 볼 수 있다.[4]

물론 이 라드브루흐 공식은 자연법과 실정법이 차이가 없다면 필요하지 않다. 하지만 실정법이 터무니없을 경우에는 자연법에 위배됨을 의심해볼 필요가 있다. 나치의 만행 정도 되는 것은 아무리 나치 정권의 법으로 그 행위가 나치 체제에서 보호받는다고 하더라도 자연법에 위배되기 때문에 법이 아닌 것으로 볼 수 있다.

문제는 자연법을 위배하는지 안 하는지 따져 검토하는 것이 생각보다 어

---

2 박은정, 『법철학의 문제들』, 박영사, 2007.
3 최종고, 『법철학』, 박영사, 2002.
4 프랑크 잘리거, 『라드브루흐 공식과 법치국가』, 윤재왕 역, 길안사, 2000.

렵다는 점이다. 자연법에는 응당 가치 판단이 들어가기 마련인데 그 가치 판단은 불변적인지 생각해보아야 한다. 더 중요하게는 모든 사람이 인정할 수 있는 자연법이 존재하는지도 문제이다. 자연법이라는 것은 세상 어느 곳에도 적혀 있지 않기에 성별, 교육, 사회계급, 종교, 민족 등등 각종 차이에 따라 다르게 생각할 수 있다. 그렇게 되면 어떠한 행위가 자연법에 어긋나는지 아닌지를 판단할 수 없게 된다.

만약에 나치가 승리하였다면

물론 지금에서야 유대인들을 수백만 명이나 죽인 일은 자연법적으로 용납되지 않는다는 것을 누구나 안다. 그런데 만약에 나치가 승리하고 유럽을 지배했다면 말이 달라질 수도 있다. 어쩌면 유대인들은 사악한 민족이고 죽어 마땅하다고 선전하면서 유대인 학살이 마치 자연의 섭리였던 것처럼 생각하게 할 수 있다. 이럴 경우에는 아마도 나치의 행위는 처벌받지 않았을 것이다. 그리고 연합국의 잘못된 점을 샅샅이 찾아내 자연법에 위배되는 행위라고 처벌했을 수도 있다. 예를 들어, 소련의 스탈린은 여러 잔인무도한 명령으로 수많은 사상자를 발생시켰지만 자연사했다. 이렇게 된다면 말만 자연법에 의거한다는 것일 뿐 현실에서는 지극히 힘의 논리에 따라 법이 해석되고 집행될 수 있다.

이러한 이유로 뉘른베르크 전범재판을 독일인들은 회의적인 시각으로 바라보았다.[5] 그도 그럴 것이 재판관이 영국, 프랑스, 미국, 소련에서 두 명씩

---

5   송충기, 「뉘른베르크 재판과 나치청산」, 『역사교육』 93, 2005, 223~249쪽.

왔는데 모두 승전국 출신이었다.[6] 그래서 나치를 단죄하는 일이 정의에 입각한 일이었는가를 두고 소수 독일인이 볼멘 소리를 냈다. 반대로 뉘른베르크 전범재판이 있기 전에 영국에서 나치 독일로 인하여 큰 인명 피해가 있었기 때문에 재판을 건너뛰고 관련자를 모조리 처형하자는 여론도 있었다.[7] 그때 연합국이 나치 잔당을 재판에 세운 이유는 그래도 절차를 통해서 처벌해야 정의롭다는 믿음에 기인한다.

해결책을 모색하자

뉘른베르크에서 일어난 문제는 믿음직한 국제기구가 있다면 해결될 수도 있다. 예를 들어, 정의에 부합하지 않는 법의 기준을 공평하게 선언할 수 있는 국제기구가 있다면 문제는 해결될 수 있다. 이러한 고민의 결과 생긴 것이 네덜란드 헤이그에 위치한 국제형사재판소(International Criminal Court : ICC)이다. 놀랍게도 이 재판소가 생긴 것은 비교적 최근인 2002년이다. 이 재판소는 국가간의 소소한 갈등을 판단하는 기관이 아니다. 수많은 사람을 말살할 만한 범죄 사건에 집중한다.

국제형사재판소에 관한 로마 규정[8]에 따르면 이 재판소는 크게 ① 집단살

---

6   양천수, 「뉘른베르크 전범재판과 평화의 원칙 : 전쟁개시의 가능성과 한계를 중심으로 하여」, 『법철학연구』 14(1), 2011, 75~104쪽.

7   송충기, 「뉘른베르크 재판과 나치청산」, 『역사교육』 93, 2005, 223~249쪽.

8   여기의 국어번역은 법제처의 사법정보공개포털 조약에 따른 것이다.
     https://portal.scourt.go.kr/pgp/main.on?w2xPath=PGP1031M04&jisCntntsSrno=3253343&srchwd=%EB%A1%9C%EB%A7%88%EA%B7%9C%EC%A0%95&c=900

해죄(The crime of genocide), ② 인도에 반한 죄(Crimes against humanity), ③ 전쟁범죄
(War crimes)를 관할한다. 사실 각 죄가 겹치는 부분도 있기에 명확하게 정의
하고 가야 한다. 그렇지 않으면 도대체 어느 참극이 집단살해죄이고 아닌지
모르기 때문이다.

우선 흔히 제노사이드라고도 불리는 집단살해죄는 국민적, 민족적, 인종
적 또는 종교적 집단의 전부 또는 일부를 그 자체로서 파괴할 의도를 가지
고 범하여진 행위를 말한다. 구체적으로는,

① 집단 구성원의 살해

② 집단 구성원에 대한 중대한 신체적 또는 정신적 위해의 야기

③ 전부 또는 부분적인 육체적 파괴를 초래할 목적으로 계산된 생활 조건
   을 집단에게 고의적으로 부과

④ 집단 내의 출생을 방지하기 위하여 의도된 조치의 부과

⑤ 집단의 아동을 타 집단으로 강제 이주시키는 것을 말한다.

제노사이드에서 중요하게 고려해야 할 점은 개인의 문제가 아닌 개인이 속
한 특정한 집단을 기준으로 개인에게 강압 행위를 하려는 것이다. 아무리 착
한 사람이라도 단순히 어느 민족이거나 종교를 믿고 있다는 이유로 탄압을
받는다면 제노사이드가 될 수 있다. 제노사이드의 가장 극명한 예가 나치 독
일의 만행이다. 나치 치하에서는 아무리 사회적으로 바람직한 일을 많이 한
사람이라도 유대인이라는 이유로 수용소로 보내지고 죽음을 맞이했다.

인도에 반한 죄는 민간인 주민에 대한 광범위하거나 체계적인 공격의 일
환으로 그 공격에 대한 인식을 가지고 범하여진 다음의 행위를 말한다.

① 살해

② 절멸 : 주민의 일부를 말살하기 위하여 계산된, 식량과 의약품에 대한

접근 박탈과 같이 생활 조건에 대한 고의적 타격

③ 노예화 : 사람에 대한 소유권에 부속된 어떠한 또는 모든 권한의 행사를 말하며, 사람 특히 여성과 아동을 거래하는 과정에서 그러한 권한을 행사하는 것을 포함

④ 주민의 추방 또는 강제이주 : 국제법상 허용되는 근거 없이 주민을 추방하거나 또는 다른 강요적 행위에 의하여 그들이 합법적으로 거주하는 지역으로부터 강제적으로 퇴거시키는 것

⑤ 국제법의 근본 원칙을 위반한 구금 또는 신체적 자유의 다른 심각한 박탈

⑥ 고문 : 자신의 구금하에 있거나 통제하에 있는 자에게 고의적으로 신체적 또는 정신적으로 고통이나 괴로움을 가하는 것을 말한다. 다만, 오로지 합법적 제재로부터 발생하거나, 이에 내재되어 있거나 또는 이에 부수하는 고통이나 괴로움은 포함되지 아니한다.

⑦ 강간, 성적 노예화, 강제매춘, 강제임신, 강제불임, 또는 이에 상당하는 기타 중대한 성폭력

⑧ 이 항에 규정된 어떠한 행위나 재판소 관할범죄와 관련하여, 정치적·인종적·국민적·민족적·문화적 및 종교적 사유, 제3항에 정의된 성별 또는 국제법상 허용되지 않는 것으로 보편적으로 인정되는 다른 사유에 근거하여 어떠한 동일시될 수 있는 집단이나 집합체에 대한 박해

⑨ 사람들의 강제 실종

⑩ 인종차별 범죄

⑪ 신체 또는 정신적·육체적 건강에 대하여 중대한 고통이나 심각한 피해를 고의적으로 야기하는 유사한 성격의 다른 비인도적 행위를 포함

하여 제노사이드보다 더 포괄적이다.

전쟁범죄는 계획이나 정책의 일부로서 또는 그러한 범죄의 대규모 실행의 일부로서

① 고의적 살해

② 고문 또는 생물학적 실험을 포함한 비인도적인 대우

③ 고의로 신체 또는 건강에 커다란 괴로움이나 심각한 위해의 야기

④ 군사적 필요에 의하여 정당화되지 아니하며 불법적이고 무분별하게
　수행된 재산의 광범위한 파괴 또는 징수

⑤ 포로 또는 다른 보호인물을 적국의 군대에 복무하도록 강요하는 행위

⑥ 포로 또는 다른 보호인물로부터 공정한 정식 재판을 받을 권리를 고의
　적으로 박탈

⑦ 불법적인 추방이나 이송 또는 불법적인 감금

⑧ 인질 행위를 말한다.

사실 전쟁범죄의 경우에는 전쟁이 일어나면 흔히 벌어지는 일이다.

뉘른베르크의 고민은 지금도 계속된다

국제형사재판소의 판결에 있어서 가장 중요한 것은 공정성이다. 만약에 같은 행위를 두고 강대국이라고 처벌을 면하고 약소국이라고 해서 처벌을 받는다면 강대국을 제외한 다수의 약소국은 판결을 받아들이기 어려울 것이다. 그리고 중요한 것이 공권력의 통용성이다. 만약에 국제사법재판소가 공신력 있는 결정을 내렸다고 치자. 과연 그 결정을 주권국가의 리더에게 강제할 수 있는지 여부이다. 안타깝게도 제대로 지켜지지 않고 있다.

예를 들어, 2022년에 러시아는 우크라이나를 침공했다. 그 후 수많은 사상자가 나왔다. 이에 국제사회는 러시아의 푸틴 대통령을 전범으로 처벌해야 한다고 주장했다. 하지만 말만 있었을 뿐 푸틴은 처벌은커녕 법정에 서지도 않았다. 그리고 이스라엘이 하마스를 공격하기 위해서 팔레스타인을 침공했다. 물론 테러로 공격한 하마스의 잘못도 있지만 하마스를 제거하기 위해서 팔레스타인의 무고한 사람들을 살해했다. 그래서 본격적인 전쟁을 시작한 네타냐후를 전범으로 몰기는 어려울 것이다.

심지어 미국 트럼프 대통령은 하마스와 동급으로 네타냐후를 전범으로 규정한 것을 두고 국제형사재판소를 규탄하였다.[9] 사실 미국은 국제형사재판소의 토대가 된 로마 협약에 비준한 국가도 아니다. 최강대국인 미국이 이 국제형사재판소에 회의적인 상황에서 실질적으로 전범을 체포하는 건 사건과 관련된 주권국가가 약소국일 때만 가능하다. 국가가 힘이 세다면 무슨 일을 하더라도 책임을 묻기 어렵다. 마치 나치가 강대국일 때는 나치를 처벌할 수 없었던 것처럼 말이다. 가장 현실적으로 가능한 방법은 주권국가보다 훨씬 강력한 세계기구가 있어야 한다. 물론 모든 주권국가에 통용되는 세계기구는 요원해 보인다. 하지만 포기하지 말아야 할 길이다. 국제형사재판소가 생긴 지 30년도 되지 않았다.

---

9 Debusmann, B., Trump sanctions International Criminal Court, calls it 'illegitimate', BBC, 2025. https://www.bbc.com/news/articles/cx2p19l24g2o

1965년 현재 진행형인 이야기

셀마

   미국이 세계 최강대국이기는 하지만 문제가 없는 것은 아니다. 특히 고질적인 문제로 여겨지는 것 중 하나가 인종차별이다. 물론 예전에 비하면 많이 좋아지기는 했다. 더 이상 흑인을 목화밭에서 노예로 부리지 않으니 말이다. 하지만 그렇다고 인종 문제가 완전히 해결되었냐고 묻는다면 그것은 거리가 멀다. 미국의 인종 문제가 아직 끝나지 않았음은 1965년의 미국 앨라배마 셀마에서 있었던, 불과 60여 년 전 사건에서 분명해진다.

셀마에 오기까지

   우선 미국이라는 나라는 1776년에 영국으로부터 독립을 외치면서 시작된다. 독립 이전부터 아메리카 영토에는 노예가 있었다. 대부분 아프리카에서 강제로 끌고 온 사람들이었다. 건국의 아버지를 비롯한 많은 사람들은 노예를 거느리고 있었다. 그러나 시간이 흐르면서 산업의 구조가 바뀌기 시작했다. 산업혁명으로 인하여 기계화가 급진전했다. 미국의 북부지방에서는 서서히 농업에서 2차산업으로 점진적으로 경제의 축이 전환되었다.

남북전쟁이 일어난 이유는 여러 가지 있겠지만 그중 하나가 노예에 대한 다른 태도였다. 남부연합[1]에서는 아직도 목화 재배가 중요했고 노예는 아주 저렴한 노동 공급원이었다. 이러한 상황에서 남부 사람들은 노예 해방을 달갑게 받아들이지 않았다. 지금의 시각에서는 사람을 노예로 부리는 것 자체가 문제이지만 200년 전만 해도 흑인을 말하는 가축으로 보았던 것이다. 노예제도에 대한 견해 차이는 갈등을 낳았고 결국에는 전쟁으로 이어진다. 그리고 잘 알려진 바대로 1862년에 링컨 대통령은 노예 해방을 외친다. 골육상쟁의 전쟁(1861~1865)은 북부의 승리로 끝나게 된다.

북부의 승리가 하루아침에 모든 것을 바꾸지는 못했다. 1862년에 노예 해방이 선포되었지만 많은 지역에서는 전쟁이 끝난 후에야 노예 해방이 알려진다. 미국 전역에서는 노예가 해방된 날을 기념하여 준틴스(Junetheenth, 1865년 6월 19일)이라고 부르기로 했다.[2] 그렇다고 곧바로 흑인이 동등한 위치를 갖게 된 것은 아니었다. 결정적으로 흑인에게는 미국 시민권이 없었다. 그래서 흑인의 시민권을 보장하기 위한 조치가 취해진 것이 바로 수정헌법 14조이다. 1868년 정식 비준된 수정헌법 14조의 주요 내용은 미국에서 태어난 어느 누구나 미국인이 된다는 것이었다. 우리에게는 속지주의로 알려진 이 법안은 미국에서 태어난 흑인도 당연히 미국 시민이 된다는 데 의의가 있었다. 즉, 흑인이 노예가 아님은 물론이거니와 백인과 더불어 당당히 시

1　링컨이 1860년에 당선되자 남부의 7개주가 떨어져 나갔고 추후 4개의 주가 합류해서 총 11개주가 남부연합을 형성하였다.

2　1868년 6월 19일에 남부지역이었던 텍사스의 겔번스톤(Galveston)에 연방군이 들어와서 노예가 해방되었음을 공포한다. 준틴스는 June(6월)과 Ninetheeth(19일)을 더해서 만든 합성어이다. 2021년에 준틴스는 연방휴일로 지정되었다.

민이 된 것이다.

　노예가 해방되었고 수정헌법 같은 법적인 조치가 행해졌음에도 불구하고 인종차별은 계속되었다. 가장 대표적인 것이 짐 크로우 법(Jim Crow laws)[3]이다. 짐 크로우 법의 전신인 블랙코드(Black Code)는 노예제를 폐지한다는 수정헌법 13조가 통과된 지 얼마 되지 않아 남부 주들에서 만들어졌다. 기본 골자는 "따로 구분하지만 동등하게(Separation but equal)"이다. 특히 사설 업장에서는 정부가 개입할 수 없다는 이유로 흑인은 지정된 식당에서, 같은 식당이더라도 다른 구역에서 밥을 먹어야 했다. 버스를 탈 때도 마찬가지였고, 화장실도 따로 썼다. 그 와중에 이에 대한 항의하는 흑인들에게 백인들은 린치를 가했다. 이 린치라는 것이 작게는 놀리는 것에서 시작해서 살인, 폭력, 방화까지 다양했다. 린치를 가하는 유명한 집단이 KKK(Ku Klux Klan)였다. 이 집단은 아이러니하게 준틴스가 있었던 1865년에 창립된다. 이때 치안과 재판을 담당한 공권력은 암묵적으로 백인의 편이었기 때문에 린치 행위가 제대로 처벌받지 않았다. 그리고 상황이 나은 북부지역도 더 이상의 분열을 원치 않았기 때문에 남부지역에서 창궐했던 흑인에 대한 폭력을 막지 못했다. 백인의 폭력에서 벗어나 자유와 경제적인 기회를 찾기 위해 흑인들이 대거 미국 북부지역으로 이주한다. 1900년부터 1970년까지 남부에서 북부로 600만 명의 흑인이 이주했다.[4] 이를 대이주(Great Migration)라고 한다.

　이주하지 않은 남부의 흑인이라고 해서 가만히 있었던 것은 아니다. 가

3　짐 크로우(Jim Crow)는 Black Minstrel Show에 나오는 등장인물이다. 흔히 백인이 흑인처럼 얼굴에 검은색으로 칠하고 흑인을 희화화하였다.

4　Britannica, The Great Migration. https://www.britannica.com/event/Great-Migratio

장 유명한 것은 1955년 앨라배마 몽고메리에서 일어난 버스 보이콧 사건이
다. 앨라배마는 미국의 남부 주로 이 당시 백인과 흑인이 버스를 타면 다른
구역에 앉아야 했다. 1955년 12월 1일 흑인 여성 로자 파크스(Rosa Parks)는 백
인에게 버스 좌석을 내어주라는 명령에 불복종하여 감옥에 가게 된다. 당시
앨라배마 몽고메리법에 따르면 백인은 버스의 앞자리에, 흑인은 뒷자리에
는 앉아야 했다. 앞자리가 가득 차면 백인이 뒷자리로 가는데 그때 흑인이
백인에게 자리를 양보해야 했다. 로자 파크스가 투옥되자 흑인들이 분연히
일어나 항의하였고 13개월에 걸쳐서 버스를 이용하지 않았다. 결국 대법원
에서 공공버스에서의 인종별 분리 착석은 위헌이라고 결정이 났다. 이 외에
도 인종차별에 대한 여러 문제의식이 미국 전역에서 퍼져 일어났다.

이러한 상황에서 린든 존슨(Lyndon B. Johnson) 정부는 1964년에 민권법(Civil
Right Act of 1964)을 통과시킨다. 이 민권법의 핵심은 어느 주에서든 인종에 따
라 투표를 막는 것을 연방의 힘으로 금지한다는 것이다.[5] 이에 공헌을 한 마
틴 루터 킹(Martin Luther King Jr.)은 1964년에 노벨평화상을 수상하게 된다. 명
목적으로 1964년에 민권법으로 흑인들도 자유롭게 투표할 수 있게 되었
다.물론 법은 통과되었지만 현실에서 실현화되는 것은 다른 일이다. 미국은
분권화 정도가 큰 나라이기 때문에 아무리 연방정부(중앙정부)에서 밀어붙이
더라도 주정부(지방정부)가 반대할 여지가 있었다. 특히 남부 주에서는 흑인
들의 투표가 방해를 받게 된다.[6] 게다가 마틴 루터 킹과 더불어 유명한 사회

5   우리나라는 지방자치제도가 시작되었지만 기본적으로 중앙집권적인 나라이다. 이와
    달리 미국의 경우에는 연방제 국가로 주(State)이 고도의 자치권을 가지고 있다. 그래
    서 우리나라에서는 상상이 안 되지만 주별로 인종에 따라 투표를 금지시킬 수 있었다.
6   우리나라에서는 주민등록을 기반으로 자동으로 거주지에 투표하는 방법에 대해서 알

운동가였던 맬컴 엑스(Malcolm X, 1925~1965)도 암살당했다. 이러한 상황에서 흑인들은 분연히 일어났고 그것이 셀마 행진으로 이어진다.

셀마에서 지금까지

앨라배마는 인종차별이 극심한 주 중 한 곳이다. 이러한 앨라배마의 셀마에서 몽고메리까지 행진은 상징적이었다. 마틴 루터 킹을 비롯한 많은 사람들이 평화적으로 행진하였다. 하지만 경찰은 이에 강경대응하였고 사상자가 여럿 나왔다. 이를 흔히 피의 일요일(Bloody Sunday)이라고 부른다. 특히 이 사건이 일어난 1965년은 카메라가 있던 시절이라 잔혹한 현장을 촬영한 사진이 전국적인 주목을 받게 된다.[7] 이를 계기로 백인들도 인종차별에 대해 자성의 목소리를 내기 시작한다.

하지만 인종차별이 순조롭게 해결된 것은 아니다. 그 단적인 예로 마틴 루터 킹이 1968년에 암살당한다. 마틴 루터 킹의 죽음은 흑인 사회에 큰 슬픔을 안겨주었다. 그래도 시간이 지나면서 흑인의 권익은 신장된다. 예를 들어, 콜린 파월(Collin Powell)은 1978년 준장이 되고 1989년 흑인으로는 처음으로 합참의장으로 임명되었다. 더 이상 흑인이라고 투표를 못 하거나 백인

려준다. 미국에서는 이와는 달리 투표를 하려면 일단 살고 있는 거주지 지역에 유권자 등록을 해야 한다. 지금은 자유롭게 유권자 등록을 하고 투표를 하지만 1960년대까지만 해도 미국남부 일부 지역에서는 흑인이 유권자들로 등록하는 것조차 방해를 받는 경우가 있었다. 그래서 초기에는 연방정부(중앙정부)에서는 군대를 파견하여 흑인들의 자유로운 유권자 등록 및 투표를 보장해야 했다.

7   피의 일요일에 대해서는 〈The Story of Bloody Sunday〉을 참조하라.
     https://www.history.com/topics/black-history/bloody-sunday-1965-video

과 같이 학교를 다니지 못하지 않았다. 다만 그렇다고 문제가 해결된 것은 아니었다. 예를 들어, 1992년 로스엔젤레스에서 백인경찰이 로드니 킹(Rodney King)이라는 흑인을 과잉 진압하여 흑인들이 강력하게 일어났다. 그 결과 로스엔젤레스가 혼란에 빠졌다.

그 후 시간은 또 흘러 2008년 버락 오바마(Barack Obama)가 44대 미국 대통령이 되었다. 한 세대 전만 하더라도 대통령은 물론이거니와 투표도 흑인은 제대로 하지 못했다. 오바마의 당선에 많은 흑인이 격세지감에 감동받기도 했다. 물론 오바마가 대통령이 된 것은 역사적인 사건이었지만 흑인들의 삶이 갑자기 격상된 것은 아니었다. 그래서 2013년에는 Black Lives Matter(흑인의 생명도 소중하다) 같은 단체가 결성되었다. 그리고 2017년 미네소타에서 조지 플로이드(George Floyd)라는 흑인이 백인 경찰의 과잉진압으로 사망하면서 사회적인 문제로 떠오른다. 이때는 스마트폰이 있어서 조지 플로이드의 사망 장면을 촬영한 영상이 온라인을 타고 전 세계에 전파되었다. 그래서 아직도 흑인이 백인 경찰에 대해 과잉 진압을 당할 때마다 인종차별에 대한 이야기가 다시 거론된다.

어떻게 인종차별을 증명할 것인가?

우리나라에서는 인종 문제가 크지 않아서 인종차별에 대해 크게 생각하지는 않고 있다. 하지만 우리나라에도 외국인들이 많이 들어와 한국 국적을 취득하고 있다. 그래서 향후에는 우리나라도 인종차별 문제가 좀 더 심각한 사회문제로 비화될 가능성이 크다.

사실 인종차별이라는 말은 쉽게 쓰지만 실제로 입증하기는 매우 어렵다.

우선 인종차별이 무엇인가를 생각할 때 참고할 만한 개념은 아파르트헤이트(Apartheid)이다. 이는 인종차별이 매우 심했던 남아프리카공화국에서 나온 용어이다. 국제형사재판소는 아파르트헤이트를 "한 인종집단의 다른 인종집단에 대한 조직적 억압과 지배의 제도화된 체제의 맥락에서 그러한 체제를 유지시킬 의도로 범하여진 비인도적인 행위"를 지칭한다고 정의했다. 그리고 우리나라 법제처는 이 아파르트헤이트를 인종차별이라고 번역했다. 아파르트헤이트 정도의 인종차별은 미국의 짐 크로우 법이 있었던 시절에 가까운 차별이라고 할 수 있다. 지금은 아파르트헤이트 정도의 인종차별은 거의 없어졌다. 하지만 미묘한 인종차별(Racial microaggression)은 남아 있다.

미묘한 인종차별이란 인종적 소수집단이란 이유로 일상생활에서 경험하는 언어적, 비언어적, 환경적인 모욕이나 무시이다.[8] 이 미묘한 인종차별은 차별할 의도가 없더라도 나오기도 한다. 그리고 살아가는 데 아파르트헤이트 정도의 분노를 유발하지는 않지만 은연 중에 사람을 기분 나쁘게 할 뿐 아니라 사회적으로 은연중에 차별적인 결과가 나올 수 있다.

인종차별은 다양한 양태로 나타난다. 인종적 프로파일링(Racial profiling)으로 경찰이 흑인을 더 경각심을 가지고 수사한다든지, 회사에서 업무 실적이 비슷하면 흑인보다 백인을 승진시킨다든지의 문제가 있을 수 있다. 이러한 문제를 해결하기 위해서 인종 소수자 우대정책을 쓰는 등의 다양한 방법을 사용하고 있는데 이 역시 역차별 문제를 일으켜서 논란이 된다. 은연중에 나타나는 인종차별 문제는 증명하기도 어렵고 고치기도 어렵다.

---

8 정지선, 「한국판 미묘한 인종차별 용인 척도 타당화」, 『인문사회21』 9(6), 2018, 1113~1128쪽.

여전히 마틴 루터 킹을 생각하며

1963년 마틴 루터 킹의 연설문 「나에게는 꿈이 있습니다(I have a dream)」을 음미하며 인종차별 없는 세상을 꿈꾸어보기로 한다. 연설문의 중요한 부분을 써보자면 다음과 같다.

조지아주의 붉은 언덕에서 노예의 후손들과 노예 주인의 후손들이 형제처럼 손을 맞잡고 나란히 앉게 되는 꿈입니다. 나에게는 꿈이 있습니다.

이글거리는 불의와 억압이 존재하는 미시시피주가 자유와 정의의 오아시스가 되는 꿈입니다. 나에게는 꿈이 있습니다.

내 아이들이 피부색을 기준으로 사람을 평가하지 않고 인격을 기준으로 사람을 평가하는 나라에서 살게 되는 꿈입니다. 지금 나에게는 그 꿈이 있습니다!

영웅인가, 반역자인가
스노든

영화 〈스노든(*Snowden*)〉은 제목 그대로 실존 인물인 에드워드 스노든(Edward Snowden)을 다룬 영화이다. 스노든은 2013년, 국가안전보장국(National Security Agency : NSA)이 불법적으로 미국 시민들의 이메일을 비롯한 개인적인 정보를 들여다보고 있다고 폭로하면서 세상에 알려진 인물이다. 이 영화에는 정부 투명성이나 내부고발자 같은 굵직한 이슈가 들어 있다. 그리고 내부고발자가 공무원이나 국가의 치부를 내보였을 때 고발한 사람이 애국자인지 반역자인지에 대한 논의도 이 영화와 관련이 되어 있다.

위험한 고백에 이르기까지

미국의 기술력은 월등하여 영화에 보여지는 것에 따르면 통신 감청을 어렵지 않게 할 수 있었다. 그리고 미국 국가안전보장국에서는 각종 정보를 수집할 수 있었다. 어떠한 정보 수집은 법에 의거한 것도 있지만, 수집하지 말아야 할 정보를 수집한 것도 있다. 때로는 안보라는 이름으로 비밀리에 불법적으로 개인정보가 수집되고 있었다. 특히 PRISM(Planning tool for Resources

Integration, Synchronization and Management)은 세계 어디서든 정보를 얻을 수 있는 시스템이었다.

> 그들이 구축하는 시스템의 목적이 전 세계인의 프라이버시를 제거하는 것이란 사실을 깨달았습니다. 모든 사람의 전자 통신을 NSA의 수집, 저장, 분석 활동의 대상으로 만드는 겁니다.[1]

스노든은 미국 정부와 긴밀히 협력하는 부즈 앨런 해밀턴(Booz Allen Hamilton)에서 일하고 있을 때 취득한 불법행위의 증거가 담겨 있는 데이터를 음악 CD에 넣어서 가지고 나온다. 이를 바로 공개하지는 않고 많은 내부고발자가 그러는 것처럼 언론과 접촉한다. 홍콩에서 영국의 언론『가디언(The Guardian)』를 만나 정보를 언제 어떻게 고발할지를 고민한 것이다. 많은 논의 끝에 언론은 스노든이 가진 정보를 공개하였고 미국 정부는 곤혹스러운 입장에 처하게 된다.

스노든의 폭로에 대통령 오바마는 공개적으로 스노든은 애국자가 아니라고 말했다.[2] 그리고 당당하다면 미국에 들어와서 재판을 받으라고 권유하였다. 스노든은 감청법(Espionage Act) 위반으로 기소되었다. 그리고 미국 정부는 스노든의 여권 효력을 중지시켜버렸다.

스노든의 입장은 내부고발자로서 보호를 받아야 한다는 것이다. 문제는

---

1   글렌 그린월드,『스노든 게이트 : 세기의 내부고발』, 박수민 · 박산호 역, 모던아카이브, 2017.
2   https://obamawhitehouse.archives.gov/the-press-office/2013/08/09/remarks-president-press-conference

그를 실효성 있게 보호해줄 수 있는가의 여부다. 그래서 그는 미국으로 가지 않고 그를 받아주는 러시아로 간다. 개인의 자유를 위해서 오히려 자유가 제한된 곳으로 간 것은 아이러니이다.

정부투명성

스노든의 행동을 이해하기 위해서는 정부투명성 개념을 우선 이해해야한다. 정부투명성이란 "공공기관이 업무 수행 중 생산·접수하여 보유·관리하는 정보가 양질(良質)의 형태로 정당하고 적절한 절차를 거쳐 정책 고객인 시민에게 공개되는 정도"[3]로 이해할 수 있다. 정부투명성의 핵심은 정부와 시민 사이에 정보 비대칭성이 존재한다는 것이다.[4] 이 비대칭을 줄이거나 제거한다면 투명성이 증가한다. 정부투명성이 중요한 이유는 정부투명성이 없다면 정부가 책임감 있게 일하지 않을 수도 있기 때문이다.

정부투명성은 크게 세 가지 방식으로 이루어진다. 우선 정부가 스스로 공개하는 경우이다. 법으로 정해져 있어서 정보를 공개하기도 하고, 혹은 공개 내용이 긍정적이어서 공개하기도 한다. 특히 정부는 좋은 성과는 예산을 들여 광고하기도 한다. 이러한 광고조차 정부의 정보를 시민에게 내보인다는 점에서 정부투명성이다. 두 번째는 시민이 정보를 공개 신청했기 때문에 공개하는 경우이다. 민주주의 사회에는 대부분 정보공개법이 있다. 이 정보

---

3 박나라, 「공공부문 투명성이 만족도에 미치는 효과 : 2010−2015년 공공기관의 정보공개와 고객만족도의 관계를 중심으로」, 『한국행정학보』 51(4), 2017, 219~253쪽.
4 이윤수, 『정부투명성』, 법문사, 2014.

공개법의 골자는 시민이 정부가 가진 정보를 열람하겠다고 요청하는 것이다. 정부는 시민의 요청에 대해 응답할 의무가 있다. 만약에 공개하지 못하면 그 이유를 설명해야 한다. 마지막으로 정부 내부에서 일하는 사람이 정부 내의 정보를 언론이나 시민단체 등으로 의도적으로 알리는 것이다. 이것이 내부고발이다.

내부고발자는 누구인가?

내부고발이란 기본적으로 조직 안에 있는 불법적인 일들을 조직 밖으로 표출하는 행위이다. 그래서 조직 내에서 자기만이 알고 있는 합법적인 일이나 기밀을 밖으로 알리는 것은 내부고발에 해당하지 않는다. 내부고발자는 "공공선을 목적으로, 자신의 희생과 불이익을 감수하면서 진실을 말함으로써 사회를 위험으로부터 구하고자한 사람"으로 정의될 수 있다.[5]

내부고발이 중요한 이유는 기본적으로 조직에서 일하지 않는 사람은 알 수 없는 대외비 정보가 많기 때문이다. 조직의 불법적인 행위가 사회에 부정적인 영향을 주기 때문에 정부에서 내부고발자를 보호하고 내부고발을 독려하기도 한다.

문제는 정부의 불법행위를 내부고발하는 경우이다. 사기업의 불법을 고발하면 정부가 부실하게나마 내부고발자를 도와줄 수 있다. 그런데 반대의 경우는 전혀 성립되지 않는다. 예를 들어 정부의 불법행위를 고발한 사람을 대기업에서 도와주지도 않고 도와줄 의무도 없는 것이다. 그러므로 정부의

---

5 박흥식 · 이지문 · 이재일, 『내부고발자 그 의로운 도전』, 한울아카데미, 2014.

내부고발은 매우 어려운 일이 된다.

경우에 따라서 정부도 스스로 내부고발하기를 바라는데 그것은 대개 개인적인 일탈의 경우에 국한된다. 어떠한 공무원이 뇌물을 받은 것을 부하직원이 보고 언론에 알리는 경우에는 정부에서도 용인해줄 수도 있다. 하지만 기관 자체가 불법적인 행위를 체계적으로 하고 있을 때에는 상황이 완전히 달라진다. 스노든은 NSA라는 국가기관이 자행하고 있는 불법행위의 증거를 빼내서 세계에 폭로했다. 이에 미국 정부에서는 비밀유지파기죄로 스노든을 추적했다. 즉, 정부의 불법을 폭로한 것에 대해서는 기업이 그러는 것처럼 보복을 한다. 그것도 열린 정부(Open government)를 표방하는 오바마 정부 시기이니 이 정도이지 다른 정권이었으면 더했으면 더했지 덜하지는 않았을 것이다. 조국의 보호를 받을 수 없었던 스노든은 미국 정부와 껄끄러운 관계에 있는 러시아의 도움을 받아서 망명 중이다.

내부고발자가 되는 조건은 생각보다 어렵다. 예를 들면, 내부고발자가 보상을 받기는 하지만 이를 위해서 고발을 하면 안 된다. 그리고 문제가 된 사건을 대충 듣고 알리는 것은 고발의 신뢰성을 의심받을 수 있다. 그래서 가까이 있을수록 의혹을 덜 받는다. 게다가 실질적으로 내부고발자들은 조직에 남아 있을 경우에 조직의 배반자로 낙인 찍히기 일쑤이다. 국가기관에서 그런 일을 했다가는 일을 계속하지 못하는 것은 물론이거니와 살아 있으면 다행일 정도이다.

스노든을 반역자로 보는 편

과연 스노든은 미국 정부가 말하는 반역자인가? 아니면 미국 시민들에게 진실을 알린 애국자인가? 반역자라고 생각하는 측에서는 기본적으로 스노든이 불법행위를 저질렀다고 본다. 스노든이 기밀 유지의 의무를 저버리고 국가 내부의 정보를 밖으로 알려서 국가의 안위를 어지럽혔다는 것이다. 스노든의 행위로 인하여 미국 정부의 위신이 떨어졌으므로 반역자라고 보는 것이다. 스노든이 미국의 불법적인 행동을 만천하에 밝힘으로써 사람들은 미국을 믿지 못하게 되었다. 미국은 민주주의의 보루라고 생각되는 나라인데 국민의 사생활을 침해하는 행위를 했다는 사실은 국제적으로 실망스러운 일이었다. 스노든이 폭로하지 않았다면 미국의 위신은 떨어지지 않았을 것이다.

그리고 미국 정부가 불법행위를 했다 하더라도 미국 정보기관이 수집한 정보는 미국의 자산이 된다. 전 세계를 대상으로 동태를 살필 수 있다면 미국의 안위에는 도움이 된다. 그래서 스노든이 이러한 행위를 밝히지 않았다면 미국은 조용히 계속 데이터를 수집할 수 있었을 것이고 현재의 안전을 지킬 수 있었을 것이다. 이러한 안전 상태를 흔들리게 한 스노든을 반역자라고 보는 것이다.

스노든을 애국자로 보는 편

반대로 애국자라고 보는 시선도 있다. 그는 미국 정부가 다른 정부는 물론이거니와 자국 국민의 통신을 불법적으로 감시하고 있다는 중대한 사실을 알렸다. 기밀 유지의 의무를 저버리지 않는 한 도무지 이 불법적인 사실을 공표할 방법이 없다. 일단 미국 정부에서 스스로 불법적인 감청을 했다고 실토할 확률은 0에 가깝다. 언론이나 시민이 정부에게 NSA의 불법행위에 대한 자료를 달라고 요구한다면 아마도 '기밀'을 이유로 거부할 것이다. 이러니 이러한 상황에서 정부가 불법적인 행위를 해도 시민들이 알 방도가 없다. 이럴 때 용기 있는 어느 내부자가 이야기를 해주어야 한다.

> 정보기관의 직원으로서 내가 깨달은 건 여태껏 조국이 아니라 정부를 보호해왔다는 사실이다.[6]

사실 스노든은 이 내부고발로 많은 것을 잃었다. 단란한 가족, 안정된 직장을 모두 포기해야 했다. 정작 스노든은 자기는 반역자도 아니고 영웅도 아니며 그저 미국인이라고 말했다. 다만 그는 미국 정부가 시민들의 자유를 보장하기를 희망하였다.

신뢰받는 정부는 어떻게 만들어지는가

세계에는 200개가 넘는 국가가 있다. 그런데 미국이 특별히 문제가 되는 이유는 미국이 최강대국이고 인류에게 모범을 보여온 국가라는 점이다. 중국이 따라온다고 하지만 미국에 비할 바는 아니다. 게다가 미국은 자국뿐만 아니라 전 세계에 영향을 미치는 나라이다. 미국이 그동안 걸어온 길은 다

6　에드워드 스노든, 『스노든 파일』, 이혜인 역, 푸른숲주니어, 2021.

른 나라에도 영향을 미쳤다. 그리고 문제가 없었던 것은 아니지만 스스로 문제를 해결함으로써 모범을 보여왔다. 이러한 미국이 전 세계를 도청한다면 다른 나라도 도청해도 된다는 뜻이다. 가장 모범이 되는 미국이 도청하는데 러시아, 중국은 물론이거니와 영국이나 프랑스 같은 나라도 충분히 할 수 있는 것이다.

물론 정부에게도 비밀이 필요하고 문제되는 범죄자를 온라인에서도 추적하고 잡아야 한다. 하지만 제대로 된 절차 없이 감시할 수 있다는 것은 문제가 된다. 법적 절차를 지키는 것은 비효율적일 수도 있다. 하지만 이를 지키지 않는다면 정부의 권력은 남용될 가능성이 매우 크다.

링컨이 게티스버그에서 "국민에 의한, 국민의, 국민을 위한" 정부를 이야기한 지 200년이 되어간다. 하지만 정부는 이 덕목을 잊은 채 활동하기도 한다. 이러한 정부의 잘못된 행위를 고치기 위해서는 정부투명성이 절실하다. 하지만 이 정부투명성은 종종 국가안보를 이유로 부인되기도 한다. 정말 중요한 부분을 제외하고는 공개해야 할 것이다. 그리고 중요한 기밀도 그 기밀 유지 기간은 될수록 짧게 잡아서 문제 있는 사람을 추후에라도 처벌할 수 있게 해야 할 것이다. 무엇보다 시민의 감시가 좋은 정부를 만드는 첫걸음이다.

여자가 투표를 하는 것이 이상했을 때가 있었다
서프러제트

　지금이야 여성의 참정권이 공기처럼 당연해서 여성이 투표를 못 한다는 것을 생각하지도 못하지만 불과 150년 전만 해도 전 세계적으로 여성이 투표를 할 수 있는 것이 당연하지 않은 시절이었다.

　영국은 엘리자베스 1세나 빅토리아 여왕 때 국력이 상당히 융성해서 여성에 대해 다른 사회보다 더 옹호적일 것이라고 생각할 수 있다. 하지만 19세기까지 일반 여성들에게는 입후보는 물론이거니와 투표권조차 언감생심이었다. 영화 〈서프러제트(*Suffragette*)〉는 20세기 초 영국에서 있었던 여성참정권 확보를 위한 사람들의 투쟁을 그렸다.

여성참정권의 간략한 역사

　현대 선거에는 4대 원칙이 있다. 보통, 평등, 비밀, 직접선거가 바로 그것이다. 우선 보통선거란 시민의 지위, 소득, 성별과 관계없이 투표를 할 수 있다는 것이다. 평등선거는 1인이 1표를 행사할 수 있다는 것이다. 그리고 비밀투표는 타인이 누구를 지지하는지 모르게 투표할 수 있어야 한다는 것이다. 마지막으로 직접선거는 투표인이 본인이 직접 투표해야지 대리인이 대신 투표할 수 없다는 것이다. 영화 〈서프러제트〉에서 중점이 되는 부분은 보통선거이다.

우리나라의 경우에는 제헌(1대) 국회의원 선거(1948)부터 성별, 사회적 지위, 소득, 교육 수준과 관계없이 누구나 투표할 수 있는 보통선거가 도입되어서 여성이 선거권을 행사하지 않는다는 것이 도저히 체감이 안 되겠지만, 다른 선진국에서는 대부분 제한선거가 우선 도입되고 그 후 점차 보통선거가 도입되었다.

민주주의의 발상지라고 불리는 영국에서도 처음부터 보통선거가 이루어진 것은 아니다. 물론 여타의 국가와는 달리 18세기부터 입헌군주제를 확립한 것은 사실이다. 하지만 이때의 민주주의는 지주나 부유한 비즈니스맨 등 상류층만을 대상으로 한 귀족민주주의였다. 이러한 상황에서 평범한 사람들이 원성이 높아지기 시작하였다. 그래서 우선 1832년에 남성 중에서도 지주뿐만 아니라 연간 10파운드 이상의 재산세를 내는 사람에게 투표권이 확대되어 처음으로 중간계급의 선거권이 인정되었다.[1] 그 후 1867년 선거법이 개정되면서 도시 소시민과 일반 노동자도 투표할 수 있었다. 1877년에는 모든 도시 노동자들이 선거권을 가질 수 있었으며 1884년에 도시뿐만 아니라 농부와 광산에서 일하는 노동자도 투표할 수 있었다. 그리고 시간이 흘러 20세기에 들어 1918년에 20세 이상의 남성 전부와 30세 이상의 여성이 투표할 수 있게 되었다. 마지막으로 1928년에 20세 이상의 모든 성인이 투표할 수 있게 되면서 보통선거가 확립되었다.

---

1 이남희, 「영국 여성참정권운동의 전개」, 『역사비평』 21, 1992, 182~200쪽.

이렇게 단계적으로 투표권의 범위가 확대된 것은 영국뿐만 아니다. 이웃 나라인 프랑스, 그리고 미국도 우선 남자가 선거권을 가지고 난 후에 여성이 선거권을 가지는 수순을 밟았다. 그리고 그 확대 과정은 대체로 평화롭지 않았다. 때로는 정부는 공권력의 이름으로 참정권을 요구하는 사람들을 투옥하고 폭력적으로 대했다.

양성불평등과 그에 대한 두 가지 다른 논의

성별과 관계없이 평등해야 한다는 것에는 적어도 이론적으로는 모든 사람이 동의할 것이다. 하지만 현실적으로 불평등이 있을 때 사람들이 대처하는 모습은 크게 두 가지로 나뉠 수 있다. 하나는 불평등에 맞서 분연히 일어나는 것이고 하나는 침묵을 지키는 것이다. 이 두 가지 상반된 의견에는 각각의 이론이 자리를 잡고 있다. 하나는 좌절-분노 이론(Frustration-Anger Theory)이고 하나는 시민 자발 모형(Civic Voluntarism Model)이다. 좌절-분노 이론에 따르면 양성불평등은 시민 참여를 높이고 시민 자발 모형에 따르면 양성불평등은 오히려 시민 참여를 줄인다.

좌절-분노 이론은 간단히 말하자면 사람이 좌절을 느꼈을 때 분노한다는 이론이다. 이는 거의 인간의 본능 같은 것일 수도 있다. 어떠한 부조리를 목도하거나 직접 경험할 경우에 일단 현실의 벽에 좌절할 수 있다. 이에 사람들은 분노하게 된다. 이 분노가 사람들의 목소리를 내게 하는 동력이 된다. 이렇게 분노를 표출하여 사람들은 카타르시스를 느낀다.

좌절-분노 이론은 상당히 직관적이다. 하지만 현실에서 부조리를 겪었다고 바로 목소리를 내는 경우 생각보다 드물다. 이것에 대해 설명해주는 것이 시민 자발 모형이다. 시민 자발 모형은 크게 세 가지 요소로 구성되어 있다. 첫째는 자원, 둘째는 정치적 효능성, 그리고 셋째는 네트워크이다. 양성 불평등은 세 가지 모두 참여에 불리하게 작용한다.

첫째, 자원이다. 여기에서 자원이라고 하면 기름이나 광물 같은 자연자원을 말하는 것이 아니라, 돈이나 시간 그리고 교육 같은 것을 말한다. 우선 양성불평등한 상황에서는 대체적으로 여자가 경제적으로 여력이 부족하다. 사실 참여를 하기 위해서는 돈이 필요하다. 예를 들어 시위를 나간다고 해도 교통수단을 타고 가야 하기 때문에 돈이 든다. 혹시 실제적으로 돈을 쓰지 않더라도 기회비용 차원에서 돈이 들 수 있다. 공무원이나 정치인을 만나려고 하면 장사를 하루 쉬고 나가야 하고, 그러면 수입이 줄어든다.

시간도 문제다. 참여를 하기 위해서는 시간이 필요하다. 일단 양성불평등이 심한 지역에서는 여자가 집안일을 모두 다 하고 육아도 하고 심지어 그 와중에 맞벌이도 해야 한다. 영화에서 캐리 뮬리건(Carey Mulligan)이 연기하는 주인공도 하루 종일 일하고 집에 돌아오면 파김치가 되고는 한다. 그러니 여성은 상당한 수준의 시간 빈곤을 느끼고 도무지 참여를 할 엄두를 내지 못한다.

시민 자발 모형의 두 번째 구성 요소는 정치적 효능감이다. 정치적 효능감이란 정치적 과정에 영향력을 미칠 수 있다는 자신감으로 파악할 수 있다. 이 자신감은 교육과 관련이 있다. 정치 과정을 파악하지도 못하는 수준이라면 정치에 참여하는 것은 어려운 일이다. 우리나라의 경우에는 이제 성별 간 교육의 차이가 없다. 심지어 여자대학이 따로 있는 것을 생각하면 여자에게 교육의 기회가 더 있다고 볼 수도 있다. 하지만 불과 50년 전만 해도 여자가 고등교육을 받는 경우가 드물었고 전반적으로 여성의 교육 수준이 낮았다. 저개발 국가 중에는 아직 이러한 나라가 많이 있다. 사실 참여를 하기 위해서는 내용을 알아야 한다. 무엇이 문제인지 인식하고 어떻게 개선할지를 알아야 목소리를 내는 데 유리하다. 그런데 양성불평등이 너무 심하여 여성의 교육 수준이 매우 낮다면 참여를 기대하기 어렵다.

시민 자발 모형의 세 번째 구성 요소는 네트워크이다. 공공 영역에 참여하는 데 있어서 아는 사람이 있으면 참여하기 쉽다. 예를 들어, 친구가 사회단체에서 일하고 있다면 그 친구가 참여를 권유할 수도 있다. 양성불평등이 가득한 사회에는 여성들이 사회적으로 일하는 경우가 드물다. 그래서 여성들이 참여하려고 해도 끌어줄 네트워크가 남성에 비해 부족하다.

20세기 영국에서는

실제로 100여 년 전 영국에서는 어떠한 이론이 더 설득력 있었는지 살펴보자. 단지 여성이라는 이유로 승진에서 배제된다든지 아예 활동이 막혀버린다면 당연히 좌절하고 이에 따라 목소리를 내게 된다. 영화에서처럼 에멀린 팽크허스트(Emmeline Pankhurst)가 이끄는 서프러제트[2]는 공공연히 목소리를 높여 여성참정권을 요구했다. 가장 극적인 사건은 1913년에 경마대회(Epson Derby)에서 서프러제트인 에밀리 데이비슨(Emily Davison)이 달리는 말 앞에 뛰어들어 자살한 것이다. 이 사건이 중요한 이유는 이 경마대회에 당시 국왕

---

2   서프러제트란 참정권을 뜻하는 서프러지(Suffrage)라는 단어에 여성을 뜻하는 접미사를 붙여 만든 것으로 여성참정권을 요구하는 집단을 비하하는 의미로 조어되었다. 이에 아랑곳하지 않고 여성참정권 주창자들은 서프러제트라는 용어를 이용했다.

이었던 조지 5세가 참관하고 있었기 때문이다. 그의 죽음은 사람들에게 얼마나 여성들이 참정권을 절실히 원하는지를 잘 보여주었다.

팽크허스트가 창립한 여성사회정치연합(Women's Social and Political Union)은 "말보다는 행동(Deeds not words)"이라는 모토를 가지고 격렬하게 활동하였다. 모든 여성운동가들이 극렬히 활동한 것은 아니고 온건하게 사회적인 분위기를 조성하기도 하였다. 영국 여성참정권에 힘쓴 그룹을 크게 두 가지로 분류해볼 수 있겠다. 서프러제트가 급진파라면 온건파인 서프러지스트(Suffragists)가 있었다. 이들을 남성 국회의원들과 유력자들에게 여성의 참정권을 피력하고 여성들에게 왜 여성들이 투표를 해야 하는지 알렸다.

상황은 시민 자발 모형과 전혀 다른 양상으로 진행되기도 했다. 우리는 시간도 많고 교육을 많이 받으면 여성들이 여성참정권을 위해 싸울 것이라고 생각한다. 하지만 '전국여성참정권반대연맹(The Women's National Anti-Suffrage League)'은 사회적 자원도 많고, 시간도 풍부하고, 교육을 잘 받은 여성들이 이끌었다.[3] 우선 이들은 여성임에도 여성이 사회적으로 목소리를 내는 것을 이해하지 못했다.

하지만 시민 자발 모형이 예견한 대로 너무 저소득층이거나 교육 수준이 낮은 경우에도 여성참정권을 위해서 나서지 못했다. 생활이 너무 어려워서 일상생활을 지탱하기 급급했거나 여성참정권의 의미를 제대로 이해하지 못했다. 그래서 여성참정권운동에 참여한 주류는 중산층 계급의 여성이었다.[4]

남자라고 해서 여성의 참정권에 반대하는 것은 아니었다. 예를 들어,

---

3   이진옥, 「참정권에 반대한 영국 여성 지식인들」, 『서양사론』 156, 2023, 154~182쪽.
4   이남희, 「젠더, 몸, 정치적 권리」, 『영국연구』 24, 2010179~210쪽.

1869년 지금도 유명한 철학자(국회의원이기도 했던) 존 스튜어트 밀(John Stuart Mill)은 『여성의 종속(The Subjection of Women)』이라는 저서를 통해 여성도 남성과 동등하다며 여성참정권에 찬성하였다. 지금에야 여성참정권에 반대하는 남자가 매우 드물지만 존 스튜어트 밀이 살던 시대만 하더라도 여성참정권에 찬성하는 남자는 극히 드물었다는 점에서 선구적이라고 할 수 있다.

처음에는 여성참정권에 반대하여 진압하는 공권력도 있었고 여성참정권을 주장하는 사람을 집안에서 사랑받지 못한 여자로 생각하는 사회적 분위기도 있었다. 하지만 시간이 지날수록 여성이 참정권을 갖는 것에 대해 사회 전반적인 거부감이 줄어들었고 궁극적으로 여성참정권은 이루어졌다.

지구 어딘가에는

이제 여성이라는 이유로 투표하지 못한다는 것을 상상하지도 못한다. 그렇다면 양성평등은 이루어진 것인가? 적어도 형식적으로는 그렇다고 말할 수 있다. 하지만 실질적으로는 그렇지 않은 곳이 더 많다. 특히 종교적, 문화적인 이유로 인해서 여성이 차별받는 경우가 더러 있다. 이러한 곳에서 여성이 목소리를 내면 사회에서 백안시하기 십상이다. 혹은 알게 모르게 폭력적인 방법으로 그 목소리가 진압당하고 있다.

참정권이라는 것은 근본적인 형태의 양성평등 장치이다. 이 기본적인 토대가 있다고 해서 곧바로 실질적으로 양성평등이 이뤄진 것은 아니다. 예를 들어, 우리나라의 경우에는 광복과 더불어 미군이 들어왔고 제헌국회부터 성별과 관계없이 투표가 가능했다. 그렇다고 1948년에 양성이 평등했다고 말할 수 없었다. 예를 들어 여성이라는 이유로 법적으로는 대학에 가는 것이 금지된 것은 아니었지만, 현실적으로 가족 중에 한 사람만 대학을 갈 수 있는 경우에는 성적과 관계없이 아들이 우선적으로 고려되고는 했다.

세월을 지나 21세기가 도래하였고 차츰 사회 여러 부분에서 양성평등은 이루어져왔다. 그렇다고 완전히 문제가 해결된 것은 아니다. 세계양성평등지수를 보면 몇몇 지수에서는 한국이 평균 이하로 나온다. 결정적으로 여성의 사회참여 비율이 적다는 것이 한국의 양성평등지수를 떨어뜨리는 요인이다. 그 이유는 여러 가지가 있을 수 있는데 가족 양육 책임이 여성에게 집중되어 있다는 것이 크게 작용하는 듯싶다. 생물학적으로 아이는 여성만 낳을 수 있다. 그리고 사회문화적으로 육아는 여성이 해야 한다는 생각이 도처에 있다. 따라서 커리어를 중요하게 생각하는 여성은 아이를 낳기 어려워진다.

이를 해결하기 위해서는 가족친화적인 문화가 사회에 정착되어야 한다. 제 시간에 퇴근하는 것이 흠이 되지 않아야 한다. 하지만 아직도 많은 기업에서는 정시에 퇴근하는 것조차 눈치를 보아야 한다. 어느 조직에서나 고위층으로 승진하기 위해서는 성과가 좋아야 한다. 그 성과를 위해서는 개인의 시간을 경쟁자보다 더 많이 투입해야 한다. 그런데 남자가 귀가하지 않고 사무실에서 일하는 것을 미덕으로 보면서도 여자가 아이를 돌보지 않고 사무실에서 일하는 것은 무책임하다고 보는 사회적 분위기가 아직도 강하다. 앞으로도 해결할 문제가 많겠지만 성별과 관계없이 인간으로서 대우받는 시대가 오기를 기대해본다.

표현의 자유를 허하라

래리 플린트

2021년 고인이 된 래리 플린트(Larry Flynt)는 우리나라에는 크게 알려진 사람은 아니다. 그는 야한 사진을 주로 싣는 도색잡지 『허슬러(*Hustler*)』를 창간하고 발행한 사람으로 자신의 이름을 붙인 래리 플린트 출판사(Larry Flynt Publication)의 회장이었다. 누드 사진을 주로 싣는 잡지의 사장을 고귀한 사람이라고 보기는 쉽지 않다. 그러나 그는 호불호를 떠나 확실히 주목할 만한 가치가 있는 사람이다. 특히 표현의 자유가 어디까지 허용될 것인가에 대해서 생각할 만한 행동을 했다.

의도하지 않은 표현의 자유에 대한 여정

성적으로 도발적인 내용을 잡지에 실어 돈을 버는 래리 플린트를 미워하는 사람들이 있었다. 그중 한 명이 찰스 키팅(Charles Keating)이었다. 찰스 키팅은 『허슬러』가 미국인의 정신을 오염시킨다고 주장했다. 그리고 그의 주장에 많은 사람들이 동조했다. 이러한 이유로 찰스 키팅을 비롯한 사람들은 외설적인 잡지 『허슬러』의 판매를 금지시켜야 한다고 하고 래리 플린트를 음란물 유포와 조직범죄로 법정에 세운다. 그러자 래리 플린트는 변호사 앨런 아이작맨(Alan Isaacman)과 함께 표현의 자유를 위한 여정을 떠난다.

1977년 신시내티에서 열린 법정에서의 논리 대결은 치열하게 전개된다. 찰스 키팅 쪽이 래리 플린트를 고소한 이유는『허슬러』에는 야한 사진이 많이 나올 뿐만 아니라 한 발 더 나아가 산타클로스가 음란행위를 하는 모습 등 차마 볼 수 없는 장면들을 잡지에 게재했기 때문이었다. 이에 래리 플린트 측은『허슬러』가 아니더라도『펜트하우스』나『플레이보이』를 비롯하여 여러 성인잡지도 팔리고 있다고 주장한다. 다른 성인잡지도『허슬러』와 비슷한 내용을 싣는데『허슬러』만 불법이면 차별이라는 것이다. 그러나 판사는 이를 인정하지 않는다.

법정에서는 미국 헌법에서 말하는 표현의 자유의 의미가 논의된다.『허슬러』반대자들은 저속한 표현을 위해서 표현의 자유가 존재하는 거냐고 묻는다. 그리고 사회상규는 공동체가 만드는 것이며, 산타클로스가 음란행위를 하는 장면은 사회상규에 맞지 않는다고 주장한다. 하지만 래리 플린트는 검열을 위한 기만이라고 응수한다. 그리고 "미국이 당신의 나라이기도 하지만 나의 나라이기도 하다"면서『허슬러』가 문제라면 보지 않으면 된다고 주장한다. 그러자 반대측에서는 아이들이『허슬러』를 볼 수 있고, 그렇다면 상당히 유해한 일이라고 말한다. 그러자 래리 플린트는 어른들이 술집에서 술을 마신다고 술을 금지시키는 것은 아니라고 응수한다.

그리고 래리 플린트의 변호인인 앨런 아이작맨은 배심원에게 표현의 자유에 대한 일장의 연설을 한다.

배심원 여러분, 오늘 들은 많은 이야기들을 다시 반복하지 않겠습니다.

배심원실에 가서 결정을 하시기 전에 한 가지 분명히 짚고 넘어갈 것이 있습니다. 래리 플린트가 하는 일을 좋아해달라고 하지 않겠습니다. 저도 좋아하지 않습니다. 다만 제가 좋아하는 것은 선택의 자유가 보장되는 나라에서 살고 있다는 것입니다. 이 나라에서 『허슬러』지를 읽을 수도 있고 쓰레기통에 버릴 수도 있습니다. 그리고 구매하지 않을 수도 있습니다. 저는 그 권리를 좋아하고 소중히 여깁니다. 여러분도 소중히 여겨야 합니다. 왜냐하면 우리는 자유의 나라에 살고 있으니까요. 우리는 말은 많이 하면서 종종 그 뜻을 잊고 삽니다. 다시 말씀드립니다만 우린 자유의 나라에 살고 있습니다. 이는 중요한 생각이고 훌륭한 삶의 방식입니다. 그런데 그 자유에는 대가를 치러야 합니다. 때로는 우리는 싫어하는 것도 참아야 합니다. …(중략)… 외설적이라고 자유를 하나씩 제약하다 보면 언젠가 일어나보면 수많은 것들에 제약을 가하고 있다는 것을 깨달을 것입니다. 결국 할 수 있는 것들이 없어집니다. 이는 자유가 아닙니다. 그러니 신중히 결정해주십시오.

이러한 논리에도 불구하고 래리 플린트는 유죄를 선고받는다.

외설은 무엇인가?

영화에는 생략되어 나오지 않지만 결국 래리 플린트는 항소심에서 무죄를 선고받고 나온다. 그 후 출판 자유 수호 모임에서 연설을 하게 된다. 여기서 그는 외설이란 무엇인가에 대해 발언한다.

살인은 불법이지만 살인 현장 사진을 찍어서 뉴스위크 표지에 올리면 퓰리처상을 탈 수도 있습니다. 그런데 섹스는 합법입니다. 그러나 성행위를 찍거나 여자의 누드를 찍으면 감옥에 갑니다. 가슴을 외설적이라고 생각하는 도덕적인 종교인은 내게 불평을 하지 말고 창조주에게 불평하십시오. 외설스럽다는 것은 도대체 무엇입니까?

래리 플린트는 성적 노출이 젊은이들을 타락시킨다고 말하는 정치인들이 젊은이들을 전쟁으로 이끈다고 주장한다. 그는 진짜 외설은 청년들에게 섹스란 더럽고 나쁜 것이라고 가르치는 데서 비롯된다고 말한다. 그러면서 인간성이라는 미명 아래 전쟁 행위를 하는 사람들이 영웅시되는 것이 외설이라고 규탄한다.

자유의 한계

래리 플린트는 이에 그치지 않고 한 발 더 나아간다. 1983년에 목회자로 존경받고 있는 제리 폴웰(Jerry Falwell)이 그의 어머니와 술 마시고 성관계를 했다는 술 광고를 게재한다. 이 광고에는 작은 문구로 패러디라고 써놓았다.[1] 아무리 패러디라고 했지만 있지도 않은 일이 실리면서 당연히 제리 폴웰은 래리 플린트를 고소한다. 법정에서 아이작맨은 이성적인 사람이라면 제리 폴웰이 그런 일을 할 수 없다는 것을 알 것이라고 주장한다, 그래서 명예훼손이 아니라 단순 풍자로 받아들여야 한다고 말한다. 재판부는 명예훼손 혐의가 아니라 정신적인 고통에 대한 벌금형을 선고한다.

---

1 이 술 광고에는 작은 글씨로 "패러디 광고입니다. 진지하게 받아들이지 마세요(Ad Parody—Not to be taken seriously)"라고 적어두었다.

이 사건은 대법원까지 가게 된다. 여기에서 '공인이 심리적 고통에서 보호받을 권리'와 '표현의 자유'가 충돌한다. 아이작맨은 공인이 터무니없는 풍자로 인해 정신적인 고통을 받는 것은 인정한다. 하지만 공인이 심리적 고통을 호소하며 풍자하는 사람들을 고소한다면 풍자하는 사람들의 표현의 자유를 위축할 수 있다고 주장한다. 대법원은 『허슬러』의 표현이 저속하기는 하지만 래리 플린트의 풍자 광고는 표현의 자유로 보호받는다고 만장일치로 결정한다.

제리 폴웰에 대한 풍자가 받아들여지는 것이 중요한 이유는 풍자의 최대치를 높였기 때문이다. 예를 들어, 자유민주주의 국가의 신문에서는 각종 정치인에 대한 풍자와 캐리커처가 실린다. 중국에서는 이런 것들을 찾아보기 매우 어렵다. 이는 중국에서도 표면적으로는 표현의 자유가 보장되어 있지만 실질적으로 제한되어 있음을 방증한다. 반면에 미국에서 실제로 하지도 않은 근친상간마저도 패러디라는 명목으로 광고로 만들어질 수 있다면 다른 인물을 풍자하는 것은 훨씬 쉬워진다. 법정에서 나오면서 래리 플린트는 다음과 같이 말한다.

"나 같은 쓰레기도 보호받는다면 당신도 보호받을 수 있다."

표현의 자유가 얼마나 보장되어 있는가는 사회적으로 통념상 용인되지 않는 언행들이 들리느냐 마느냐에 따라 판별된다. 예를 들어, 동성애자를 옹호하는 말을 서슴없이 할 수 있는 사회는 표현의 자유가 보장되어 있는 것이다. 즉, 껄끄러운 주장조차도 공론화될 수 있다는 것이 바로 표현의 자유가 있는 뜻이다. 이와 관련하여 래리 플린트는 칼훈대학에서 열린 학생들과의 대화에서 "자유는 당신이 좋아하는 생각에 대한 것이 아니라 당신이 혐오하는 것에 대한 것"이라고 말했는데, 표현의 자유가 얼마나 어려운 것

인지 잘 보여주는 발언이라고 생각한다.[2]

표현의 자유는 언제 제한되는가?

표현의 자유는 민주주의 국가라면 어디서나 보장받는 권리이다. 그런데 이 자유는 특히 미국에서 중요해서 수정헌법 1조로 규정되어 있다. 문제는 "공인이 받을 수 있는 심리적인 고통에서 보호받을 권리"와 "국민이 자유롭게 표현할 수 있는 권리"가 충돌할 수 있다는 점이다. 표현의 자유라고 해서 남에게 고통을 주는 방식으로 수정헌법 1조가 악용될 수 있는 여지가 있다. 그리고 표현의 자유는 중요한 권리이지만 유일한 기준은 아니다.

표현의 자유를 무제한 허용하는 나라는 많지 않다. 사안에 따라 표현의 허용 범위는 다르게 정의된다. 미국에서 공인이라고 불리는 사람들에 대한 풍자는 현실적인 악의로 표현되어야만 명예훼손이 성립된다.[3] 혹은 혐오 발언도 문제가 된다. 즉, 표현의 자유라는 기본권이 다른 기본권과 충돌하고 경합한다는 것을 알 수 있다. 그렇다면 표현은 언제 제한될 수 있는가?

리처드 포즈너(Richard Posner)는 $B < P \times L$ 이라는 간단한 수식을 제시한다.[4] 여기에서 B는 규제의 비용이다. 규제의 비용은 정부가 시민의 발언을 감시하는 비용뿐만 아니라 표현할 때 담긴 중요한 정보의 손실도 비용으로 처리된다. P는 표현이 해로울 가능성이다. L을 여기에 곱하는데 L은 해로운 정

---

2   원어는 Freedom is not for the thought you love, it's for the thought you hate.
    http://archives.news.yale.edu/v28.n19/story4.html
3   이부하, 『공인의 인격권과 표현의 자유』, 『서울법학』 20(1), 2012, 43~77쪽.
4   Posner, R. A., *Free speech in an economic perspective*. Suffolk UL Rev., 20, 1986, pp.1~54.

도가 되겠다. 표현이 해로울 가능성이 크고 그 해로운 정도가 크면 클수록 규제해도 된다는 것이다. 그리고 해롭더라도 규제하는 데 비용이 너무 많이 든다면 규제하지 않는 것이 낫다는 것이다.

또한 그는 $V+E<PxL/(1+i)n$이라는 조금 복잡한 식도 보였다. 이 부등식에서 V는 정보의 가치를 말하고 E는 사회가 억제하려는 정보를 판별하기 위한 비용을 말한다. 해로운 정도에는 $(1+i)n$로 나누어주는 부분이 추가된다. i는 시간할인율이고 n은 시간으로, 해로운 부분이 즉시 나타나지 않고 시간이 걸려서 나타날 수 있다. 이를 고려한 부분이다.

어느 부등식이 되었든 해롭다는 것이 무엇인지 정의되지 않았다. 표현이 '해롭다'라는 것은 공장에서 내뿜는 연기가 '해롭다'라는 것과는 성질을 달리한다. 객관적으로 판단하기 어려운 가치의 영역이다. 이 가치라는 것은 사회에 따라 다르고 시대에 따라 다르다. 예를 들어, 18세기에 영국에서 여성참정권을 주장했다면 불온한 생각이라고 표현이 억압되었을 수도 있다. 어쩌면 그 여성참정권을 주장하는 표현이 매우 해롭고 규제하는 데 비용이 적다면서 규제할 수도 있다. 그래서 상당히 말끔한 수식이 있다고 하더라도 쉽사리 어느 표현을 규제할 수 있는지 결정하기 어렵다.

왜 위험하게 높은 곳에서 줄을 타는가?

하늘을 걷는 남자

줄타기 곡예사는 동서고금을 막론하고 있어왔다. 우리나라에도 영화 〈왕의 남자〉에서 나왔듯이 줄을 타는 광대들이 있었다. 과거에는 놀거리와 볼거리가 부족해서 줄타기 같은 구경거리가 현재의 엔터테인먼트를 대신했지만, 다양한 볼거리와 놀거리가 있는 현재에도 줄을 타는 사람이 있다. 서커스에서 줄을 타는 곡예사들이 그들이다. 이들은 높은 곳에 설치된 줄에서 떨어져도 크게 다치지 않게 안전장치를 해놓고 줄을 탄다. 그런데 그러한 안전장치도 없이 고층빌딩 사이에 줄을 걸어놓고 건너가는 사람이 있다. 그가 바로 필립 페티(Philippe Petit)다. 이 사람에 대한 영화가 〈하늘을 걷는 남자(The Walk)〉다.

무모한 남자?

필립 페티는 이제는 없어진 월드트레이드센터 사이를 건넌 것으로 세계적으로 유명해진 사람이다. 물론 그는 유명해지기 전부터 줄을 탔다. 그가 1974년에 월드트레이드센터를 건너겠다고 하자 사람들은 다들 미쳤다고 했다. 워낙 높은 건물이기 때문에 작은 실수라도 저지르면 줄에서 떨어져 즉사할 것이 분명했기 때문이다. 물론 월드트레이드센터 사이를 줄 하나로 건너면 유명해질 것이다. 그에 따라 돈도 많이 벌 수 있을 것이다. 하지만 목숨을 걸고 할 만한 일인가에 대해서 의구심을 가질 수 있다. 이에 필립 페티는 다음과 같이 대답한다.

왜냐구? 그 질문을 사람들이 가장 많이 하더군. 왜, 뭘 위해서? 왜 줄을 타냐고? 왜 운명을 시험하냐고. 왜 목숨 거냐고? 그런데… 나는 그렇게 생각하지 않아. 나는 죽음이라는 단어를 절대 말하지 않아. 맞아. 한 번 혹은 아마도 세 번 썼어 지금까지 합쳐서. 그런데 봐, 다시 말하지 않을게. 대신 난 반의어를 사용하지. 삶. 줄을 타는 것은 내겐 삶이야.

필립 페티는 이렇게 말하지만, 그를 이해하기는 어렵다. 그가 줄을 타는 이유를 이해하기 위해서는 내재적 동기와 외재적 동기를 우선 알아야 한다.

내재적 동기 vs 외재적 동기

사람이 행동하는 데에는 이유가 있다. 동기(Motivation)라고 하면 어떠한 목적을 위해서 지속성을 가지고 사람을 추동시키는 힘을 말한다.[1] 물론 인간은 충동적으로 행동을 하기도 한다. 하지만 초고층 건물 사이를 줄을 타고 넘는 행위는 충동으로만 이해하기 어렵다. 분명한 동기가 있어야 행동에 옮

1   Berman, E., Bowman, J., West, J., & Van Wart, M., *Human resource management in public service: Paradoxes*, processes, and problems (4th edition), CA: Sage, 2013.

길 수 있다.

동기는 크게 내재적 동기(Intrinsic motivation)와 외재적 동기(Extrinsic motivation)로 나누어 볼 수 있다. 외재적 동기란 어떠한 분별 가능한 결과를 산출하기 때문에 그 행동을 하는 것이다.[2] 외재적인 동기 중 가장 직관적인 예는 돈이다. 자본주의에서 돈은 매우 중요하다. 그런데 외재적 동기로는 필립이 줄 타는 것을 쉽게 이해할 수 없다. 왜냐하면 아주 작은 실수로도 죽을 수 있는데 죽는 다면 큰 돈이 생기더라도 무의미하기 때문이다. 그렇다고 필립이 죽을 각오를 해서 돈을 벌어야 할 이유도 없다. 예를 들어, 자기 목숨이 위태롭더라도 돈을 벌어 부모님이나 자식을 살려야 한다면 이해할 수도 있다. 하지만 필립은 그렇지도 않다. 그러므로 외재적 동기로 필립의 행동을 설명하기는 어렵다.

필립이 줄 타는 이유는 내재적 동기로 잘 이해할 수 있다. 외재적 동기와는 달리 외부의 요인이 없더라도 어떠한 일을 하는 것 자체만으로도 충족감을 느껴서 하는 것이다. 그래서 누가 칭찬을 하든 돈을 주든 말든 상관없이 하고 싶어 한다. 줄을 타기 위해 세계무역센터에 갔을 때의 느낌을 말한 필립의 대사가 그의 내재적 동기를 잘 보여준다.

나는 북쪽 건물에 도착했다. 정말 내적인 기쁨을 느낀다. 내 삶에서 느끼는 가장 큰 만족이다. (다시 남쪽 건물로 돌아가면서) 나는 아마도 전에는 느끼지 못한 것을 느끼고 있다. 정말 감사하다.

2 Ryan, R. M., & Deci, E. L., Intrinsic and extrinsic motivations: Classic definitions and new directions. *Contemporary Educational Psychology*, 25(1), 2000, pp.54~67.

이러한 필립의 대사를 들으면 그 누가 시켜서 줄을 탄 것이 아니란 것을 알 수 있다.

돈을 주면 오히려 하고 싶지 않다?

외재적인 동기만 있다면 돈으로 사람을 줄을 타게 유인할 수 있다. 가령 무역센터 위에서 줄을 타면 1조 원을 준다고 하자. 그러면 정말 죽을 위험이 크지만 타겠다는 사람이 나올 것이다. 예를 들어, 〈오징어게임〉에서 456억의 상금을 걸고 목숨을 건 게임을 하는 사람들처럼 많은 돈이 많이 걸릴수록 줄을 타려는 사람이 늘어날 것이다. 어쩌면 줄타기 학원이 성행할 수도 있다. 우리나라에서 공부를 열심히 하는 이유는 좋은 학교에 가기 위함이고, 좋은 학교에 가려고 하는 이유는 무엇보다도 좋은 직업을 갖기 위함이다. 물론 좋은 직업의 정의는 다양하겠지만 많은 경우는 월급을 많이 받는 직업이 될 것이다. 즉, 외재적인 동기가 크게 작용하는 것이다.

외재적인 동기가 만능일 것 같지만 꼭 그렇지는 않다. 외재적 보상이 내재적 동기를 줄일 수 있다. 순수하게 즐기던 일에 돈이 개입되면 오히려 본연의 재미가 사라지는 경우가 있다. 이러한 효과를 과잉정당화효과(Overjustification effect)라고 한다.[3] 즉, 사람들이 이미 보람을 느끼는 일에 돈을 지불되면, 그들은 그 일을 하는 데 필요한 것보다 더 많은 것을 얻고 있다고 느낀

---

3 Lepper, M. R., Greene, D., & Nisbett, R. E., *Undermining children's intrinsic interest with extrinsic reward: A test of the "overjustification" hypothesis.* Journal of Personality and Social Psychology, 28(1), 1973, pp.129~137.

다. 그래서 이러한 과잉됨을 조정하고자 내적인 충족감을 경시하고 돈 같은 외적인 동기에 집중하게 된다. 가령, 어느 기업에서 필립에게 돈을 주면서 이런저런 줄을 타라고 시키면 필립은 오히려 줄을 탈 때 느끼는 희열을 느끼지 못할 수도 있다.

가장 이상적인 상황은 외재적 동기와 내재적 동기가 일치되는 것이다. 예를 들어, 최근의 신조어 중에 덕업일치라는 말이 있다. '덕'은 한 가지에 집중하는 사람을 일컫는 일본어 '오타쿠'에서 파생된 말이다. '오타쿠'가 우리나라에 들어오면서 '오덕후'로 변형되었다가 '덕후'로 축약되었고 나중에는 "덕"만 사용하게 되었다. '덕'은 자기가 좋아하는 일을 말한다. 그리고 '업'은 생활을 위해 하는 일을 말한다. 그래서 덕업이 일치했다는 것은 원래 좋아하는 일(내재적 동기)과 돈을 벌기 위한 일(외재적 동기)이 같다는 것이다. 덕업일치를 이룬 사람이 행복해한다면 앞서 말한 과잉정당화효과는 일어나지 않은 것이다.

사람의 행동을 이해하기

내재적, 외재적 동기로 사람의 행동을 이해할 수도 있지만 다른 방식으로 이해할 수도 있다. 많은 심리학자들이 행동에 대한 다채로운 견해를 제시하였다.

우선 1954년에 발표된 에이브러햄 매슬로(Abraham Maslow)의 욕구의 단계(Hierarchy of needs)를 보자.[4] 욕구는 동기에 큰 영향을 주므로 중요하게 볼 필요

---

4   Maslow, A. H., *Motivation and personality*. New York: Harper & Row, 1954.

가 있다. 그는 욕구를 다섯 단계로 나누었다.

우선 생리적인 욕구가 있다. 사람들은 배고픔, 목마름, 피로로부터 벗어날 필요가 있다. 이 생리적인 욕구가 해결되면 사람들은 안전에 대한 욕구를 갈망한다. 이는 위해로부터 안전할 욕구이다. 사람은 기본적으로 동물이다. 동물로서 안전에 대한 욕구는 본능에 가깝다. 사실 이것이 충족되면 다음 욕구 단계로 올라가게 된다. 그런 의미에서 필립의 행동은 안전하지 않음 그 자체이다.

안전에 대한 욕구가 해결되면 사회적인 욕구를 갈망한다. 인간은 사랑하고 어딘가에 소속되어 있기를 바란다. 이러한 사회적인 욕구가 채워지면 자존감에 대한 욕구가 생긴다. 성취하고 인정받기를 원하는 것이다. 마지막 단계가 자아실현의 욕구 단계다.

대체로 사람들은 피라미드의 아랫단에서부터 단계별로 욕구를 채워간다. 그런데 필립의 행동은 안전의 욕구와는 전혀 다르다. 필립은 애당초 안전의 욕구를 채울 생각이 별로 없다. 생리적인 욕구에서 바로 자아실현의 단계로 건너뛴 것이다.

클레이 알더퍼(Clay Alderfer)의 ERG 이론으로도 필립의 행동을 살펴볼 수 있다.[5] 알더퍼에 따르면 인간에게는 세 가지 종류의 욕구가 있다. 첫째가 존재 욕구(Existence needs)이다. 존재 욕구는 살기 위해 필요한 것을 추구하는 마음이다. 급여라든지 근로 조건 같은 것들이 그 예가 된다. 둘째, 관계 욕구(Relatedness needs)는 다른 사람으로부터 받는 존경이나 관계에서 오는 욕망이

---

5 Alderfer, C. P., An empirical test of a new theory of human needs. *Organizational Behavior and Human Performance*, 4(2), 1969, pp.142~175.

다. 마지막으로 성장 욕구(Growth needs)는 생산적인 공헌을 하고 싶다는 마음이나 개인적인 발전을 위한 욕구이다. 필립이 목숨 걸고 줄타기를 하려는 마음에는 존재 욕구나 관계 욕구보다는 성장 욕구가 크다.

프레더릭 허즈버그(Frederick Herzberg)는 2요인 이론(Two factor theory)을 내놓았다. 그에 따르면 사람이 움직이게 하는 동기에는 두 가지의 다른 차원이 있다. 우선 위생(Hygiene) 요소는 받아들일 만한 환경을 만드는 요소로 이것이 없으면 불만족이 늘어난다. 반면에 동기(Motivator) 요소는 사람이 최선을 다하게 만드는 요인으로 이것이 있어야 만족이 올라간다. 필립의 행동은 위생 요소보다는 동기 요소와 관계가 깊다. 위생 요소에는 보수, 사회적 지위, 동료와의 관계 등이 있지만 필립은 그런 것보다는 일 자체, 본인의 성장을 보는 게 동기 요소이기 때문이다.

데이비드 맥클러랜드(David McClelland)도 앞서 언급한 학자들의 동기와 겹치면서도 조금은 다른 시각에서 욕구를 파악하고 있다. 그는 세 가지 욕구를 꼽았는데 첫 번째가 소속에 대한 욕구이다. 이 욕구는 타인과의 관계를 중시하는 욕구로 사회적으로 교류하는 것을 중시한다. 두 번째가 성취에 대한 욕구이다. 이 욕구는 좀 더 잘하고 싶고 어떠한 일을 완벽하게 하고 싶어하는 욕구이다. 이 욕구를 지닌 사람은 도전적인 일을 좋아한다. 세 번째는 권력에 대한 욕구이다. 타인을 제어하고 영향을 주고 싶어 하는 욕구이다. 필립의 행동은 두 번째 성취에 대한 욕구로 잘 설명된다.

이 외에도 빅터 브룸(Victor Vroom)은 더 다층적인 동기 형성 과정을 선보인다. 브룸은 동기가 기대(Expectancy), 수단성(Instrumentality), 그리고 유의성(Valence)이 곱해진 것으로 보았다. 우선 기대라고 하면 자신의 노력이 성공적으로 성과를 낼 것이라고 믿는 정도이다. 예를 들어, 필립은 줄을 타는 데 있어서 노력을 하면 성공적으로 월드트레이드타워를 건너갈 수 있다고 기대하고 있다. 같은 일을 나에게 묻는다면 그 기대는 0일 것이다. 기대가 0이면 다른 것들이 아무리 큰 부분을 차지하더라도 동기가 0이 된다. 수단성이란 특정 결과를 성취하였을 때 이에 상응하는 보상이 주어질 것이라고 인식하는 정도이다. 보상이 꼭 돈일 필요는 없다. 심리적인 만족감도 보상의 일부이다. 필립이 월드트레이드센터 사이를 줄타기로 건넌다고 해서 돈을 받는 것은 아니었다. 하지만 그 일에 성공할 때의 쾌감이 크기 때문에 위험을 감수하고 행동한 것이다. 평범한 등산객도 돈을 받으려고 산에 가는 것이 아니라 정상에 올랐을 때의 성취감 때문에 산에 간다. 유의성은 행동을 해서 얻어지는 결과가 얼마나 가치가 있느냐 하는 것이다. 이는 매우 주관적인데, 필립의 경우에는 높은 곳에서 줄을 탈 때의 가치가 고가의 차를 타는 것보다 훨씬 중요할 것이다.

독재자 소리는 듣기 싫지만 독재를 하고 싶어

바이스

    현재 지구상의 대부분 국가에서는 대통령제나 의원내각제를 선택하여 나라를 운영한다. 우리나라는 대한민국 건국 이후 짧은 기간을 제외하고는 줄곧 대통령제를 유지하고 있다. 우리나라 외에도 미국, 브라질, 아르헨티나, 멕시코 등이 대통령제를 선택하고 있다. 하지만 같은 대통령제라도 나라마다 특성이 다르다. 또한 같은 나라라 하더라도 시대에 따라서 대통령이 가진 권한이 헌법의 변천과 정치문화에 따라서 달라지기도 한다. 21세기에는 왕이 실질적으로 국가를 통치하는 국가는 거의 없어졌다. 하지만 국가 원수가 마치 왕처럼 국정을 운영하는 나라는 있다.

    영화 〈바이스(*Vice*)〉는 미국 46대 부통령 딕 체니(Dick Cheney)를 주인공으로 하는 영화다. 부통령이지만 부시 대통령 정부의 실권자였던 딕 체니에 대한 영화이기에 눈여겨 봄직하다. 특히 영화의 키워드인 단일행정부론(Unitary executive theory)은 우리에게도 고민해볼 거리를 던져준다. 왜냐하면 우리나라도 미국처럼 대통령제이고 종종 제왕적 대통령 문제로 골머리를 앓기 때문이다.

삼권분립의 명과 암

민주주의라는 용어를 쓰지 않는 나라를 찾기란 어렵다. 심지어 전체주의 사회인 북한조차도 공식적인 명칭은 조선민주주의인민공화국이다. 그러니 말로만 민주주의라고 하는 건 중요한 게 아니고 실질적으로 민주주의를 담보하는 기제가 필요하다. 그중 하나가 삼권분립이다. 몽테스키외(Montesquieu)가 본격적으로 권력분립을 제안한 후에 많은 나라에서 입법부, 행정부, 그리고 사법부로 권한을 나누어 국정을 운영한다. 종종 우리나라에서 행정부와 야당이 다투는 모습을 볼 수 있는데 이는 볼썽사나운 모습이 아니라 민주주의가 잘 작동하고 있는 것이다. 반면에 중국에서는 적어도 겉으로는 국정이 갈등 없이 운영되는데 그 이유는 권력분립이 되어 있지 않기 때문이다. 공산당이 행정부, 사법부, 입법부 전체에 막대한 영향을 미쳐 분쟁을 줄인다.

대통령제 국가에서 가장 많은 권력을 가진 사람은 대통령일 것이다. 그런데 민주주의 사회에서 대통령은 생각보다는 권력이 많지 않다. 민주주의 사회의 특유의 균형과 견제 덕분이다. 이 균형과 견제는 예전 왕정의 폐해를 뼈저리게 느낀 사람들이 대통령이 권력을 많이 가지면 비슷한 문제를 야기할 것으로 생각하고 법적으로 장치를 걸어둔 것이다. 그래서 현대 민주주의 사회에서 대통령은 자기 마음대로 할 수 없고, 국회나 법원의 견제를 받는다. 특히 영화의 배경이 되는 미국은 영국의 왕 조지 3세의 폭정을 견딜 수 없어서 독립을 선언했기 때문에 권력분립에 대한 집념이 강했다.

견제를 받는 것은 일단은 좋아 보인다. 하지만 대통령이 무슨 일을 진행시키려고 하면 반대에 막힐 수 있다. 물론 잘못된 일을 진행하려 할 때 반대하는 것은 좋으나 때로는 단순히 정치색이 다르기 때문에 정책을 훼방하기도 한다. 게다가 시국이 시급할 경우에는 대통령의 의사결정이 더욱 중요한데 여러 가지 균형과 견제를 거치다 보면 적시에 대응하는 것에 실패할 수 있다. 이러한 점이 권력분립이 완벽하지는 않다는 것을 보여준다.

왕이 되고 싶어 하는 사람은 지금도 있다

영화에서 부시 정권은 단일행정부론을 밀고 나간다. 단일행정부론이란 행정부는 연합체가 아닌 한 사람이 이끌고, 그 한 사람이 궁극적인 정책 결정자이며 다른 모든 사람들은 그에게 종속되어 있는 것이다.[1] 부시 정권이 이라크 전쟁을 개시하기 위해서는 국회의 동의가 필요했다. 타협이 어려운 야당을 설득하기보다는 대통령의 권한을 더 많이 부여받아서 하고 싶은 대로 하고 싶었을지도 모른다. 심하게 말하자면 독재를 하고 싶어 했을 수도 있다.

사실 독재라는 말이 워낙 부정적인 어의를 가지고 있어서 그렇지 원래는 가치중립적인 단어이다. 국립국어원의 표준국어대사전에 따르면 독재는 "특정한 개인, 단체, 계급, 당파 따위가 어떤 분야에서 모든 권력을 차지하여 모든 일을 독단으로 처리함"을 뜻한다. 이 특정한 개인, 단체, 계급, 당파가 선정을 펼친다면 독재도 좋을 수도 있다. 예를 들어, 세종대왕은 신하들의 수많은 반대가 있음에도 왕의 권위로 훈민정음을 반포했다. 덕분에 지금도 이렇게 한자가 아닌 한글로 글을 쓰고 있다. 하지만 세종대왕 같은 분

---

1 Harrison, J., The Unitary Executive and the Scope of Executive Power, *Yale Law Journal Forum*, 126, 2017, pp.374~380.

은 역사상 극히 소수이고 대부분의 독재자는 공동체의 해가 된다. 그 예는 히틀러를 비롯하여 아주 많다. 그래서 견제를 하는 것이다. 하지만 위정자들은 자기가 히틀러가 될 것이라고 생각은 하지 않고 세종대왕이 될 것이라 생각하며 권력을 갈구한다. 대통령도 마찬가지인데 이와 관련 있는 개념이 제왕적 대통령이다.

제왕적 대통령(Imperial presidency)은 아서 슐레진저(Arthur Schlesinger)의 책 『제왕적 대통령(*The Imperial Presidency*)』에서 유래된 개념이다. 제왕적 대통령의 근간에는 헌법에서 부여한 권력보다 더 많은 권력을 행사하여 견제와 균형을 피해보겠다는 욕구가 있다. 이 제왕적 대통령에 부합하는 사람이 아마도 닉슨 대통령일 것이다. 닉슨은 "대통령이 하는 행동은 모두 합법이라는 생각"[2]을 하고 있었다. 이러한 관점은 "그 어떠한 사람도 법 위에 있는 사람은 없다"는 생각과 정면으로 충돌하였다. 닉슨은 민주당원이 사용하는 워터게이트 빌딩 사무실에 도청장치를 설치하라는 불법행위를 지시했다가 이것이 폭로되면서 사임하게 된다. 이 사건은 대통령이 제왕적으로 행동하지 못하게 해야 한다는 경각심을 일깨워주었다. 우리나라에서도 대통령이 야당의 협조 없이 정책을 추진할 경우에 종종 제왕적 대통령이 아니냐고 지적을 받기도 한다.

우리나라에서 유사한 의미로 논의되는 것이 통치행위라는 개념이다. 통치행위란 "고도의 정치성을 띤 국가행위로서 사법심사의 대상으로 삼기 부적합할 뿐만 아니라 그에 대한 판결이 존재하는 경우에도 그 집행이 어려운

---

2   닉슨은 사임 후 가진 인터뷰에서 "Well, when the president does it, that means that it is not illegal."라는 말을 한다.

행위"를 말한다. 그래서 법적 구속도 받지 않고 사법심사 대상에서 제외되는 법률에 의한 행정의 원리가 작동하지 않는 특징을 가져, 입법, 사법, 그리고 행정도 아닌 제4의 국가작용이라고도 불린다.[3] 통치행위는 행정부 수장이 법률에서 자유롭게 권력을 행사하게 해줄 여지를 남겨준다.

강한 대통령… 권위주의의 길?

근래에는 독재라는 말보다는 권위주의라는 말을 더 많이 사용한다. 사실 권위라는 단어가 꼭 나쁜 단어는 아니다. 권위와 권위주의는 구분되어야 한다. 예를 들어, 재즈계의 권위자라고 한다면 재즈 분야에서 실력을 갈고 닦아 전문가로 정평이 난 사람을 말한다. 이런 사람은 독재자가 아니다.

권위와 달리 권위주의는 후안 린쯔(Juan Linz)라는 학자가 민주주의와 전체주의 사이 어딘가에 위치한 정치적 다원주의가 보장되어 있지 않은 정치체계를 설명하기 위해서 만들어냈다. 전체주의라고 하면 예전 나치 독일이나 현재 북한을 생각하면 가장 비슷하다. 한편 권위주의 사회는 제한된 자유와 다원주의가 허용된다. 현재 중국을 생각하면 적당하다. 권위주의의 특징은 대중의 목소리가 국정에 반영되는 것이 제한되어 있고 행정부 외의 부처에는 견제 기능이 현격히 떨어져 있다는 것이다.

권위주의가 반드시 제왕적 대통령이나 단일행정부론과 동일한 것은 아니지만 상당 부분 결을 같이한다. 왜냐하면 단일행정부론이 득세하면 삼권분립이 약화되고, 제왕적 대통령이 들어오면 시민의 자유가 약화될 수 있기

---

3   장태주, 『행정법개론』, 현암사, 2006.

때문이다.

민주주의, 그 허약한 방패

권위주의와 대척점에 있는 개념이 민주주의이다. 그런데 민주주의에는 아주 다양한 형태가 있다. 그중 권위주의를 막아줄 민주주의는 자유민주주의(Liberal democracy)이다. 그 외의 민주주의는 도리어 권위주의를 공고화할 수도 있다. 심지어 전형적인 권위주의 국가인 중국에서도 늘 민주를 강조한다. 중국에서 민주주의가 발현되는 방향은 매우 간접적이다. 우리나라의 경우, 대통령을 직접선거를 통해서 뽑는다. 그런데 중국의 최고권력자인 공산당의 주석은 대중선거로 뽑히지 않는다. 이론적으로는 우선 가장 기층에 있는 향촌 단위에서는 대표자가 선거로 뽑히기도 한다(모든 구역에 선거가 있는 것은 아니다). 그러나 대도시나 성급 대표자는 일반 시민에 의해 선출되는 것이 아니라 중앙 공산당에서 임명해서 내려간다. 공산당의 경우에는 선거가 아니라 후보자의 성과를 봐서 발탁하는 방식이다. 또한 중국에서는 '민주집중제'라고 해서 일단 아래에서 여러 논의를 거쳐서 한번 정해지면 무조건 따라야 한다는 원칙이 있다. 이 역시 아예 민의를 듣지 않는 것은 아니라는 점에서 민주주의가 결코 아니라고 할 수는 없지만 우리가 생각하는 민주주의와는 거리가 멀다.

싱가포르도 우리가 생각하는 민주주의와는 다른 행보를 보인다. 싱가포르는 1965년 건국될 때 국부 리콴유의 영향을 크게 받았다. 그는 아시아 가치에 기반을 둔 아시아 민주주의를 이야기했다. 아시아 민주주의란 개인의 자유보다는 공동체의 안위에 더 가치를 두는 민주주의를 말한다. 그래서 때

때로 개인의 자유는 제한될 수 있다. 이는 우리가 생각하는 민주주의의 전형인 서구의 자유민주주의와는 다르다고 볼 수 있다.

게다가 선거가 있다고 다 민주주의는 아니다. 러시아 같은 경우도 선거가 있는데 러시아를 진정한 민주주의 국가라고 부르기는 어렵다. 러시아는 선거적 권위주의(Electoral authoritarianism) 국가라고 볼 수 있다. 선거적 권위주의란 선거가 정기적으로 열리지만 자유롭지 못하고 공평하지 않은 것을 말한다. 예를 들어, 선거제를 교묘하게 조정하여 야당에게 불리하게 하여 선거를 유명무실하게 만들고 친정부적인 미디어나 선거관리위원회나 사법부가 야당에게 불리한 역할을 할 수 있다.[4] 그렇다면 왜 선거를 굳이 하냐고 의문을 제기할 수 있겠다. 독재자 입장에서도 선거가 있으면 시민들의 선호를 알 수 있고 정당성을 얻을 수 있기 때문이다. 이외에도 독재적 법률주의(Autocratic legalism)라고, 법의 탈을 쓰고 실질적으로는 반대의 목소리를 잠재우는 방법도 권위주의 국가에서는 흔히 쓰인다. 권위주의 국가에서는 자유민주주의 국가에서 이야기하는 단일행정부론이라든지 제왕적 대통령이 이미 성립되었다. 그래서 효율적으로 국정을 진행할 수 있다. 하지만 자유민주주의 시민들은 그러한 권력구조를 원치 않을 것이다.

가장 큰 문제는 자유민주주의가 있더라도 권위주의의 요소가 생길 수 있다는 것이다. 예를 들어, 국회의원 선거에서 여당이 압승을 했다고 치자. 이 경우에는 입법부의 주류가 대통령과 같은 정당이므로 행정부를 견제하기 어렵다. 물론 대통령이 다른 목소리도 들어가며 국정을 펼치면 좋겠지만 그

---

4   Donno, D., Elections and democratization in authoritarian regimes, *American Journal of Political Science*, 57(3), 2013, pp.703~716.

렇지 않는다면 폭정을 펼칠 수도 있다. 시민의 감시가 없으면 권력자는 언제든 그 권력을 남용할 유혹에 빠진다. 자유민주주의가 현재에서는 가장 바람직한 형태이지만 완벽한 형태의 민주주의는 아닐 수 있다. 다만 권력이 행사될 때 제대로 잘 쓰여질 수 있도록 늘 신경 쓰는 수밖에 없다.

개인의 죽음에 국가는 어디까지 관여할 수 있는가?

유 돈 노우 잭

대부분 사람들은 죽음을 두려워하고 가능한 피하고 싶어 한다. 하지만 어떠한 사람들은 하루하루 살아가는 것이 고통이어서 차라리 삶을 중단하고 싶어 한다. 그래서 자살을 하는 사람도 있다. 우리나라에서는 2023년 기준으로 평균 매일 약 38명의 사람들이 스스로 목숨을 끊었다.[1] 하지만 상황이 여의찮아서 자살하지 못하고 매일 고통에 시달리면서 버겁게 살아가는 사람도 있다. 예를 들면, 오랫동안 혼수상태에 빠진 환자도 있고, 의식은 있지만 육체적으로 전혀 움직일 수 없는 사람들도 있다.

그들은 때로 자발적으로 생명을 중단하고 싶어 하지만, 우리나라에서는 생명을 중단시키는 일은 원칙적으로는 금지되어 있다. 그래서 고통 없이 생명을 중지시키는 것, 즉 안락사가 합법인 스위스로 가는 사람도 있다.

---

[1] 국가통계포털(https://kosis.kr/search/search.do)에 따르면 2023년에 13,978명이 고의적 자해(자살)로 목숨을 잃었다.

죽음의 의사

영화 〈유 돈 노우 잭(*You don't know Jack*)〉은 미국의 실존인물인 잭 키보키언 (Jack Kevorkian, 1928~2011)에 대한 이야기이다. 그는 미국에서 의사 조력 자살 (Physician-assisted suicide)에 대한 공론화에 본격적으로 불을 지핀 사람이다. 그는 1990년부터 1998년 사이에 130명이 넘는 사람들이 죽는 것을 도와주었다.[2] 영화에 나오듯이 키보키언 박사는 환자가 버튼을 누르면 큰 고통 없이 죽을 수 있는 타나트론(혹은 머시트론)이라는 장치를 사용했다. 그래서 그에게는 죽음의 의사(Dr. Death)라는 별칭이 붙기도 했다.

그는 이 장치를 아무에게나 사용하는 것은 아니고, 현대 의학기술로는 도무지 해결될 것 같지 않은 환자에게만 환자의 동의를 얻어서 제한적으로 사용했다. 안락사의 영역을 넓히던 그는 1999년에 기소되고 감옥에 수감되었다가 2007년에 가석방되어 나왔다. 그는 출소한 뒤에는 더 이상 조력사를 하지 않았지만 죽음은 개인의 권리라는 주장은 굽히지 않았다. 그 후 2011년에 사망했다.

안락사의 조건

잭 키보키언과 관련된 문제를 이해하기 위해서는 안락사(혹은 존엄사)를 이해해야 한다. 안락사(Euthanasia)는 일반적으로 치료 불가능한 환자나 의식을

---

2   PBC, Jack Kevorkian, Doctor who Brought Assisted Suicide to National Spotlight, Dies. https://www.pbs.org/newshour/show/jack-kevorkian-doctor-who-brought-assisted-suicide-to-national-spotlight-dies

잃고 인공호흡장치 등으로 목숨을 이어가는 환자 등에게 인공호흡기 등의 생명보조장치를 제거함으로써 고통 없이 죽음을 맞이할 수 있도록 해주는 것을 의미한다.[3]

잭 키보키언이 하는 의사 조력 자살과 안락사의 가장 큰 차이점은 의사가 몸에 독약물을 넣느냐 혹은 환자가 넣느냐에 달려 있다. 영화에도 나오지만 의사 조력 자살은 의사가 환자의 진지한 의지를 기반으로 죽을 준비를 다 갖추어준다. 그리고 궁극적으로 독극물이 나오는 단추는 의사가 아닌 환자가 눌러야 한다. 반면에 안락사는 의사가 독극물을 주입한다. 그렇기 때문에 몸을 전혀 자의적으로 움직일 수 없고 의식이 없는 식물인간 환자에게는 의사 조력 자살이 개념적으로 불가능하다. 이러한 차이가 있지만 조력 자살과 안락사는 매우 밀접한 연관이 있고 학계의 다수는 조력 자살을 안락사의 일종으로 보고 있다.[4]

현실에서는 혼용되지만 안락사와 존엄사는 구분되기도 한다. 우리나라 법제처는 안락사(安樂死)는 환자의 고통을 덜어주기 위해 생명을 인위적으로 종결시키는 모든 행위를 의미하는 용어이고, 존엄사(尊嚴死)는 사망하는 사람의 존엄성 확보를 목적으로 환자의 자기결정권을 강조하는 용어라고 보았다.[5] 물론 현실상에서는 구분하기 어려운 것이 사실이다.

안락사에는 다양한 종류가 있다. 우선 안락사를 환자에게 미치는 영향의

---

3   홍완식, 『법과 사회 : 사회적 쟁점과 법적 접근』(4판), 법문사, 2024.
4   이주희, 「조력자살과 형법–안락사의 일 유형으로서의 조력자살을 중심으로」, 『법과 정책연구』 11(3), 2011, 963~994쪽.
5   법제처. https://www.easylaw.go.kr/CSP/CnpClsMain.laf?popMenu=ov&csmSeq=1663 &ccfNo=1&cciNo=1&cnpClsNo=1&menuType=onhunqna&search_put=

정도를 기준으로 나누어 볼 수 있다. 예를 들어, 환자의 생명에 직접적으로 영향을 미치는 약물을 투여하여 환자의 생명을 인위적으로 중단하면 직접적 안락사다. 그리고 환자의 고통을 경감시키기 위해 투여한 진통제나 마취제 등 약물이 부수적 결과로 환자의 생명에 간접적으로 영향을 미쳐 환자의 생명을 중단하면 간접적 안락사다.[6]

안락사 논쟁

안락사를 찬성하는 입장에서는 안락사가 인권을 위한 것이라고 말한다. 태어날 때는 선택의 여지가 없었지만 죽을 때는 스스로 선택해서 고통 없이 갈 수 있다면 인권이 향상되는 것이다. 우리나라 헌법 10조에 따르면 모든 국민은 인간으로서의 존엄과 가치, 행복을 추구할 권리를 가진다. 하루하루가 지옥처럼 느껴지는 불치병으로 고통받는 환자라면 인간으로서의 존엄과 행복을 추구하기 위해 안락사는 용인될 만한다.

안락사가 인간의 존엄과 행복에 도움이 될 수도 있지만 부작용도 있을 수 있다. 우선 환자가 죽고 싶지 않은데 주위 사람들의 압박에 못 이겨 죽고 싶다고 말할 수 있다. 그리고 현재는 불치병이라고 여겨지지만 의료기술이 발전하면 고칠 수도 있다. 또한 안락사로 인하여 인명 경시 문화가 생길 수도 있다.

결국 안락사에 대한 논쟁에 핵심에는 죽음이 개인적인 문제이면서도 사회적인 문제이기도 하다는 사실이 있다. 사람이 죽는데 무슨 국가가 관여하

---

6   김은정, 「안락사의 형사법적 평가 및 과제」, 『비교형사법연구』 21(4), 2020, 215~241쪽.

냐고 반문할 수 있다. 우리는 태어난 후에 국가에 출생신고를 하고 죽은 후에는 사망신고를 한다. 거의 대부분의 사람이 국가라는 체제 안에서 살아가며 국가는 개인의 출생부터 죽음까지 관리한다. 만약에 이 틀을 벗어나고 싶으면 순수한 자연인이 되어야 한다. 그러면 병원을 이용하기도 어렵고, 학교 교육을 받기도 어렵고, 어디에 가서 일하기도 어렵다.

국가 입장에서도 인구의 문제는 국가 운영의 기초가 되는 자료이기 때문에 철저하게 관리한다. 따라서 국가의 구성원인 개인이 죽음을 선택하는 일에도 관여하게 된다. 이 일을 게을리하면 국가의 기강이 흔들릴 수 있기 때문이다. 그러므로 안락사도 국가가 고려해야 할 사회문제인 것이다. 그래서 개인의 생명 중지에 대해 개인의 판단에만 의존하지 않는다. 그리고 이는 가부장적 국가(Paternalistic state)라는 개념과 관련이 있다.

가부장적 국가

살인이나 폭행은 반드시 국가가 관여해야 하는 문제다. 이것이 잘 작동되지 않는다면 영화 〈배트맨〉에서처럼 자경단이 판을 칠 수 있다. 하지만 국가가 불법이라고 규정하는 것이 타인에게 해를 끼치지 않는 경우도 있다. 예를 들어, 담배를 피우고 싶은 14세 청소년이 아무도 없는 곳에서 담배를 피운다고 해보자. 흡연하는 청소년은 행복할 것이고 국가는 담배 소비로 인하여 세금을 거둘 수 있다. 그리고 아무도 없는 곳에서 끽연하였기 때문에 냄새가 타인을 기분 나쁘게 하지도 않았다. 그런데 국가는 청소년보호법을 만들어 청소년에게 담배를 판매하는 것을 금지하고 있다. 청소년이 담배를 피우면 건강에 좋지 않기 때문에 국가는 계도를 부탁하지도 않았는데 청소년 흡연에 대해 제재를 가하는 것이다. 이외에도 가부장적 국가 이슈는 안전벨트를 착용하지 않으면 벌금 내는 문제, 건강보험, 국민연금을 세금처럼 내는 문제와도 관련이 있다.

나라 '집'이라는 뜻인 국가(國家)라는 용어를 주로 쓰는 유교권 문화에서는 큰 국가를 거부감 없이 받아들이는 경향이 있다. 마치 국가가 부모님처럼 이렇게 저렇게 하라고 국민들에게 지시하고 규율하는 것이다. 그런데 영국에서는(아이러니하게 왕이 남아 있지만) 국가는 개인과의 계약으로 만들어진 것으로 보는 경향이 있다.

가부장적 국가가 되려면 세 가지 조건이 있다.[7] 첫째, 국가는 개인의 자유를 제한해야 한다. 둘째, 국가는 개인을 위해서 자유를 제한해야 한다. 셋째, 국가는 개인의 자유를 개인의 동의 없이 제한해야 한다. 안락사의 경우가 가부장적 국가와 맞아떨어진다. 일단 국가가 개인이 죽을 자유를 제한하고 있다. 그리고 이 제한은(적어도 겉으로는) 개인을 위한 것이다. 안락사를 금지하여 혹시 있을 수 있는 살인을 막을 수 있다. 안락사에 대한 제한은 시민 개인의 동의 없이 일어난 것이다. 만약에 시민이 국가가 안락사를 막아주었으면 한다면 국가를 가부장적으로 느끼지 않을 것이다.

가부장주의에 대한 태도에도 크게 세 가지가 있다.[8] 우선 반(反)가부장주

---

7   La Grand, J. & New, B., *Government paternalism: Nanny state or helpful friend?*, NJ: Princeton University Press, 2015.
     Paternalism의 조건은 다음과 같다. (1) Government restricts in some way an individual's freedom or autonomy. (2) It engages in such restrictions to promote the individual's own good. (3) It does this without the individual's consent.

8   Graham, P. & Hoffman, J., *Introduction to public theory* (4th edition), U.K.: Routledge, 2022.

의(Anti-paternalism)이다. 이는 국가의 간섭을 배격하는 자유주의적 사고방식이다. 이러한 사고방식을 가진 사람들은 야경주의적 국가관을 가지고 있다. 즉, 국가가 필수적으로 꼭 해야 하는 것(국방, 외교, 치안)을 제외하고는 모두 개인에게 맡겨야 한다고 생각한다. 안락사 문제도 마찬가지이다. 국가는 손을 떼고 개인의 의사를 존중해야 한다는 입장을 갖는다.

두 번째가 연성(軟性) 가부장주의(Soft paternalism)이다. 이는 어떤 사람의 행동이 자발적인지 아닌지 확인해야 할 때 국가의 개입이 정당화된다는 것이다. 안락사의 경우 문제가 되는 것은 환자는 살고 싶은데 가족에 의해서 어쩔 수 없이 죽음을 선택할 수도 있다는 것이다. 이를 확인하기 위해라도 국가의 역할이 필요하다. 국가가 없다면 안락사가 남용될 수 있다.

세 번째가 강성(强性) 가부장주의이다. 이 경우에는 행동의 자발성 확인은 물론이거니와 개인의 합리적으로 일구어진 삶을 이끌 수 있는 능력을 증가시키는 것이라면 국가의 개입이 정당화된다. 기본적으로 가부장주의의 핵심은 개인은 실수할 수 있고 능력이 부족하다는 것을 전제로 한다. 만약에 개인이 매우 합리적이며 능력이 있다면 국가가 필요 없을 수도 있다. 하지만 마치 부모가 아이를 돌보듯이 국가는 시민들의 안위를 챙겨주는 것이다. 개인이 생각했을 때 국가의 방침이 개인을 위한 것이면 가부장주의는 정당화된다. 특히 이 부분이 작은 정부-큰 정부 논쟁에서 큰 정부를 지지하는 견해와 결을 같이한다. 그리고 21세기에는 복지국가와도 맥을 같이하는 부분이다.

가부장주의나 국가에 대한 견해에 정답이 있는 것은 아니다. 다만 개인의 가치관에 따라서 다른 입장을 취할 수 있는 것이다. 문제는 정부의 경우에 정책을 펼 때 개인 한 명 한 명에 맞출 수는 없다는 것이다. 그래서 시민 개인이 가부장주의에 맞으면 살기가 좋겠지만 그렇지 않을 경우에는 곤욕일 수밖에 없다. 극단적으로 맞지 않는다면 다른 나라로 이민을 가는 것도 가능하다.

우리나라에서는

우리나라에서는 2016년에 제정되고 2017년에 시행되기 시작한 '호스피스 완화의료 및 임종 과정에 있는 환자의 연명의료결정에 관한 법률'이 있다. 이 법류에 따라 연명의료결정제도가 시작되었다. 법제처에 따르면 '연명의료결정제도'란 임종 과정에 있는 환자의 연명의료와 연명의료 중단 등의 결정을 통해 환자의 최선의 이익을 보장하고 자기결정을 존중하여 인간으로서의 존엄과 가치를 보호하는 제도다.[9]

연명의료결정제도에서도 아무나 죽게 도와주는 것이 아니라 임종 과정에 있는 환자만을 대상으로 한다. 임종 과정 환자라 함은 회생 가능성도 없고 치료를 해도 회복되지 않고 급속도로 증상이 악화되는 사람을 말한다. 임종 과정인지 아닌지도 아무나 판단하는 것이 아니라 담당의사는 물론이거니와 전문의의 판단을 받아야 한다. 그리고 사회 분위기상 죽음을 재촉할 수도 있다. 사회상규에 맞지 않을 수도 있는데 이 제도를 통해 죽음에 대해 진지하게 생각해보는 것은 어떨까.

---

[9] 법제처. https://www.easylaw.go.kr/CSP/CnpClsMain.laf?popMenu=ov&csmSeq=1663 &ccfNo=1&cciNo=1&cnpClsNo=1&menuType=onhunqna&search_put=

글렌 그린월드, 『스노든 게이트 : 세기의 내부고발』, 박수민 · 박산호 역, 모던아카이브, 2014.

김달관, 「아르헨티나의 포퓰리즘 : 페론과 메넴의 비교 사례 연구」, 『국제지역연구』 11(3), 2007.

김병섭, 「행정조직의 레드테이프 : 민간조직과의 비교」, 『한국행정학보』 30(3), 1996.

김양렬, 『의사결정론』, 명경사, 2020.

김영세, 『게임이론 : 전략과 정보의 경제학』(4판), 박영사, 2008.

김영심, 『한강에서 일어난 백제』, 웅진다책, 2006.

김은정, 「'안락사'의 형사법적 평가 및 과제」, 『비교형사법연구』 21(4), 2020.

김창수, 『관료제 트릴레마』, 윤성사, 2023.

김판석 · 최무현 · 한유성, 『인사행정론』(개정판), 법문사, 2023.

마리아 에스페란사 카수요, 「아르헨티나의 민주주의와 페론주의 정당」, 조혜진 역, 2015. María Esperanza Casullo, "Argentina : del bipartidismo a la democracia peronista", *Nueva Sociedad*, No.257, julio–agosto de 2015.

박나라, 「공공부문 투명성이 만족도에 미치는 효과 : 2010~2015년 공공기관의 정보공개와 고객만족도의 관계를 중심으로」, 『한국행정학보』 51(4), 2017.

박석희, 「책임성 관점에서의 공공기관 부서간 만족도 평가와 분석」, 『행정논총』 48(2), 2005.

박세일, 『법경제학』, 박영사, 2006.

박흥식 · 이지문 · 이재일, 『내부고발자 그 의로운 도전』, 한울아카데미, 2014.

박희정 · 오윤섭 · 강민아, 『공공책무성』, 대영문화사, 2024.

송규범, 「존 로크의 계약사상」, 『서양사연구』 11, 1990.

송충기, 「뉘른베르크 재판과 나치청산」, 『역사교육』 93, 2005.

안병철, 「관료제 순기능과 그린테이프의 개념 구성」, 『한국거버넌스학회보』 19(3), 2012.

──, 「레드테이프에서 그린테이프 전환 연구」, 『한국거버넌스학회보』 23(1), 2016.

안태환, 「페론체제(1943~1955)와 '대중'의 사회적 주체의 출현 — 라클라우의 포퓰리즘 담론의 시각에서」, 『이베로아메리카』 13(1), 2011.

얀 반 다이크, 『디지털 디바이드』, 심재웅 역, 유재, 2022.

양천수, 「뉘른베르크 전범재판과 평화의 원칙: 전쟁개시의 가능성과 한계를 중심으로 하여」, 『법철학연구』 14(1), 2011.

에드워드 스노든, 『스노든 파일』, 이혜인 역, 푸른숲주니어, 2021.

오석홍, 『조직이론』(7판), 박영사, 2011.

오승철, 「저항권이론의 재조명: 혁명권, 저항권, 시민불복종의 통합을 향한 탐색」, 『민주법학』 40, 2009.

이기라, 「왜 정치권력에 복종해야 하는가? 사회계약론에 담겨 있는 근대적 정당화 논리들」, 『인문논총』 50, 2019.

이남희, 「영국 여성참정권운동의 전개」, 『역사비평』 21, 1992.

──, 「젠더, 몸, 정치적 권리」, 『영국연구』 24, 2010.

이상돈, 『법학입문』(3판), 법문사, 2007.

이연호 · 고주현, 『포퓰리즘 — 유럽의 포퓰리즘이 한국에 주는 함의』, 연세대학교 출판문화원, 2024.

이윤수, 「무사안일이 정부신뢰에 미치는 영향」, 『정부와 정책』 6(1), 2013.

──, 『정부투명성』, 법문사, 2024.

──, 「불확실한 상황에서의 의사결정 : 코로나 19 속의 대한민국 교육부 장관의 의사결정을 중심으로」, 『한국사회과학연구』 41(3), 2022.

이주희, 「조력자살과 형법 — 안락사의 일 유형으로서의 조력자살을 중심으로」, 『법과 정책연구』 11(3), 2011.

임도빈 · 유민봉, 『인사행정학』(6판), 박영사, 2023.

임의영, 「행정의 윤리적 과제」, 『한국행정학보』 48(3), 2014.

임현, 「난민법에 대한 평가와 과제」, 『법제』 3월호, 2014.

전수일, 『관료부패론』, 선학사, 1996.

정상익, 「자경주의의 의미와 적용에 관한 연구」, 『연세법학』 44, 2024.

정지선, 「한국판 미묘한 인종차별 용인 척도 타당화」, 『인문사회21』 9(6), 2018.

조일수, 「애국주의와 세계시민주의의 양립가능성 연구」, 『도덕윤리과교육』 72, 2021.

최종고, 『법철학』, 박영사, 2002.

한나 아렌트, 『예루살렘의 아이히만』, 김선욱 역, 한길사, 2006.

──────, 『한나 아렌트의 말』, 윤철희 역, 마음산책, 2013.

홍태영, 『개인이 아닌 시민으로 살기』, 김영사, 2006.

Adorno, T.W., Frenkel-Brunswik, E., Levinson, D.J. & Sanford, R.N., *The Authoritarian Personality*, New York: Harper and Row, 1950.

Alderfer, C.P., "An empirical test of a new theory of human needs", *Organizational Behavior and Human Performance*, 4(2), 1969.

Bhandari, G. & Deaves, R., "The demographics of overconfidence", *The Journal of Behavioral Finance*, 7(1), 2006.

Brockner, J., "The escalation of commitment to a failing course of action: Toward theoretical progress", *Academy of Management Review*, 17(1), 1992.

Conover, P. & Feldman, S., "Measuring patriotism and nationalism: ANES Pilot Study Report", No.nes002263, 1987. Retrieved from https://electionstudies.org/wp-content/uploads/2018/07/nes002263.pdf

Crowley, F. & Walsh, E., "Tolerance, social capital, and life satisfaction: a multilevel model from transition countries in the European Union", *Review of Social Economy*, 82(1), 2024.

Ferlander, S., "The importance of different forms of social capital for health", *Acta Sociologica*, 50(2), 2007.

French, J. & Raven, B., "The bases of social power", In D. Cartwright(ed), *Studies of Social Power*, MI: Institute for Social Research, 1959.

Graham, P. & Hoffman, J., *Introduction to public theory*(4th edition), U.K.: Routledge, 2022.

Granovetter, M.S., "The strength of weak ties", *American Journal of Sociology*, 78(6), 1973.

Guan, P., Capezio, A., Restubog, S.L.D., Read, S., Lajom, J.A.L. & Li, M., "The role of traditionality in the relationships among parental support, career decision-making self—efficacy and career adaptability", *Journal of Vocational Behavior*, 94, 2016.

Harrison, J., "The Unitary Executive and the Scope of Executive Power", *Yale Law Journal Forum*, 126, 2017.

Hirschman, A., *Exit, Voice, and Loyalty: Responses to Decline in Firms, Organizations, and States*, MA: Harvard University Press, 1970.

Kahneman, D., *Thinking, fast and slow*, NY: Farrar, Straus and Giroux, 2011.

Key Jr, V.O., "The lack of a budgetary theory", *American Political Science Review*, 34(6), 1940.

Koppell, J.G., "Pathologies of accountability: ICANN and the challenge of "multiple accountabilities disorder", *Public Administration Review*, 65(1), 2005.

Lewis, V.B., "Toward a theory of budgeting", *Public Administration Review*, 12(1), 1952.

Lührmann, A., Marquardt, K.L. & Mechkova, V., "Constraining governments: New indices of vertical, horizontal, and diagonal accountability", *American Political Science Review*, 114(3), 2020.

Meyer, J.P. & Allen, N.J., *Commitment in the workplace*, CA: Sage, 1997.

Maslow, A.H., *Motivation and personality*, New York: Harper & Row, 1954.

Organ, D.W. & Ryan, K., "A meta-analytic review of attitudinal and dispositional predictors of organizational citizenship behavior", *Personnel Psychology*, 48(4), 1995.

Phillips, J. & Gully, S., *Organizational behavior*(2nd edition), OH: South—Western Cengage Learning, 2014.

Posner, R.A., "Free speech in an economic perspective", *Suffolk UL Rev*, 20, 1986.

Protzer, E. & Summerville, P., *Reclaiming populism: How economic fairness can win back disenchanted voters*, U.K.: Polity Press, 2022.

Ryan, R.M. & Deci, E.L., "Intrinsic and extrinsic motivations: Classic definitions and new directions", *Contemporary Educational Psychology*, 25(1), 2000.

Stephan, W.G. & Stephan, C.W., "An integrated threat theory of prejudice", In S. Oskamp(Ed.), *Reducing prejudice & discrimination*, Hillsdale, NJ: Erlbaum, 2000.

Tversky, A. & Kahneman, D., "Judgment under Uncertainty: Heuristics and Biases: Biases in judgments reveal some heuristics of thinking under uncertainty", *Science*, 185(4157), 1974.

영화로 읽는 사회과학

Social Science on Screen